JN201211

西谷啓治への窓

生死を包む言葉の哲学

塵々悉皆帰大地

岡田勝明
Okada Katsuaki

晃洋書房

i

目次

第一章　哲学以前・哲学・哲学以降

第一節　青春時代

西谷啓治は、一九〇〇（明治三三）年二月二七日、石川県鳳至郡宇出津町（ふげしぐんうしつ）（現・鳳至郡能都町宇出津新一七六。明治二二年、町村制の施行により、鳳至郡宇出津村、宇出津新町及び宇出津山分村を廃し、その区域をもって鳳至郡宇出津町を設置。一九五五（昭和三〇）年能都町となる）に、呉服商を営む米次郎を父として生まれた。母は壽代、宇出津の隣村であった鵜河（うかわ）の出身で、西谷は一人っ子であった。母方の、江戸時代の人格者であった祖父の影響が大きい、と西谷は述べている。

＊以下〈　〉の記号で示された部分は、筆者の付加的説明、また註にあたる内容である。なお（　）内は、直接的な説明、付加的内容である。

〈関西学院大学教授・院長・理事長であった久山康（一九一五～一九九四年）が、「国際日本研究所」（西宮市・仁川）を設立し、西谷をしばしば講演・セミナーその他に招き、その記録が月刊誌『兄弟』（キリスト教学徒兄弟団発行）に残されている。三一六号（一九八三年）より三五一号（一九八七年）までの間の二一回にわたって、「西谷啓治先生を囲んで」という座談会の内容が筆録されている。その座談会は、関西学院大学・千刈セミナーハウスにて、一九八三（昭和五八）年八月二〇日から二二日まで、二泊三日にわたって開催され、主に久山が質問をし、西谷が応える、という形で進められている。当時、西谷八三歳、貴重な発言内容が残された。本章における西谷についての記述は、主にこの座談会時の西谷の発言にもとづいている。〉

〈西谷家の先祖は現・石川県七尾市西谷内（ななおしにしやうち）にいたもようで、分家の一つとして宇出津に移ってきた。能登半島には、古墳時代以前の遺跡もあり、また中国や朝鮮半島との交流もあり、ロシアの極東地域との接触も考えられ、スキタイ（ギリシャ、ペルシャ、インド、中国を結ぶ広大な貿易網であるシルクロードで重要な役割を果たした）の痕跡さえ見られ、歴史の古層が堆積している。

　中国また日本における西方との接触ということでいえば、たとえば「胡（こ）」は「えびす」と読まれ、古代、中国の北方や西方に住んだモンゴル系トルコ系などの遊牧民族の総称であった。「胡瓜（きゅうり）」は「胡」からきた「瓜」であり、「胡弓」も「胡」に由来する。能登に生まれた西谷の風貌には、胡的とでもいうような、どこか遠い歴史の底にあるようなものを思わせるところがあったように思える。

　「奥能登の風光」というエッセー（七一歳執筆）では、四、五歳の頃、奥能登の海に、「人間臭さの全くない、古い言葉で言えば「俗塵」から抜け出たような、澄んだ清らかさ」を感じた、と述べられている。拾った桜貝に、「砂の上にあっても、どことなく地上のものではないような、気高い清らかさ」を見出し、砂浜自身の「澄んだ清らかさも、同じ様に、何となく地上のものではないような感じ」を受け、その幼児の頃の思い出は、「幼い心の底に刻まれて残った」と、回想される。穢れを知らないような海から、澄んだ清らかな砂浜に上がった、気高い清楚な桜貝、そのいずれもが、中国や古代ギリシャの、神仙や神々の住む地の幻想をもたらした、と後に幼児の頃の思い出と重ね合わせている。西谷の「故郷を思う気持ちの基礎」が、そのような古代的な風光（さしあたっては日本的な風光であったが、それは西谷にとって、地球の底に通じるものであったであろう）にあった。

胸底に住む魂の原郷への思いは、西谷の哲学が根ざすものの根柢にも潜むものであったろう。西谷の論述はつねに洋の東西の思想家におよびながら展開されるが、それはもちろん西谷の考察の「広さと深さ」を示すものであるが、同時に自己の思いの元に立ち続けていたことをも物語るのではなかろうか。〉

宇出津は、古くは北前船の寄港地、能登半島内浦地区の経済の中心であった。七月初旬に催される夏の祭礼「あばれ祭」が有名。西谷はしばしば、おそらく地元漁師たちの「舟板一枚下は地獄」という言葉を、自身も口にした。また西谷の隣家は、国会議員で、衆議院議長まで務めた益谷秀次であった。資産家であったが、清廉潔白な政治生活を貫き、政治のために財産を使い切ったと言われている。

明治の初期に生まれた、やはり文明開化の時代の若者であった西谷の父は、ウラジオストクに買い出しに行き、難破した経験もあった。そのさい死を意識し、残された子供の事を思ったときに「金毘羅さんが現れた」とのこと、父として子への思いも強いものがあったのであろう。その父は一八三九（天保一〇）年生まれの西谷の祖父と、経営上のことで衝突し、西谷が小学校の一年生の途中で、宇出津から東京へ移住することになる。

幼い頃はひとり息子の跡取りなので、回りの叔母等にはとてもかわいがられて育った。東京に移住した小学生の頃は、地方からの転校生ということもあって、「いたずらや悪い事」をかなり経験したようである。小学生の通簿の「操行」は、「丙」であった。西谷には、さきにも述べたように、「舟板一枚下は地獄」というような港町の気風（きっぷ）がどこかにあって、気の強い感じも潜めていたようにも思う。

東京では深川、神田、市ヶ谷へと移り、小学校を終え、一九一二（明治四五）年早稲田中学へ入学。「早稲田中学へ入って運が良かったと思う」と、西谷は回想している。早稲田中学は、一八九五（明治二八）年、大隈重信の教育理念によって、坪内逍遥を中心に創設された。西谷在籍当時の英語教諭は会津八一であった。柔道は三船久蔵によって手ほどきを受けている（柔道の寒稽古のさい、ぶつかってこられて倒され、足を痛めた。その影響が残って、ふだんはほとんど目立たなかったが、晩年には歩行の釣り合いの悪さが表れていた。また早稲田中学では野球部に勧誘されたり、第一高等学校では、内村鑑三を父に持つ、精神科医となった内村祐之（ゆうし）が、獨逸学協会学校中等部から第一高等学校に来ていた。内村は、学生野球界では特に一高時代に、早稲田・慶應義塾を久しぶりに撃破するなど名だたる左腕投手として名を馳せた。その内村とキャッチボールをして、キャッチャーも経験している。第三高等学校の講師時代には、野球チームで、和装で袴姿のままピッチャーをやる、という経験もしている）。

ところがこの中学の時代に、父を結核で亡くす、という悲哀を経験することになる。父の兄も、やはり結核でなくなっている。一家は、「たえず病に脅かされる」という思いでいたことであろう。父は、茅ケ崎の、当時東洋一のサナトリウム（結核療養施設）と謳われた「南湖院」で、二年以上の療養の末、西谷が一六歳の時に、ついに亡くなった（父の亡くなった一九〇六（大正五）年には、夏目漱石も死を迎えている）。

西谷自身も、第一高等学校の受験（一七歳）のさいの体格検査によって、結核にかかっていることが判明、第一高等学校へと一年遅れで進学した（それほど深刻な病状ではなかったが、その後も三、四年ごとに二度再発している、つまりほぼ京都大学卒業時まで「結核の影」を帯びていたことになる）。父と同じ「死に至る病」に襲われたわけだが、自己のいのちの源である「親」が同じ病で亡くなっている場合には、特に「命の自信を根本から動揺させられる」ことになる。自己一人のいのちだけではなく、個人のいのちの源そのものが、脅威に曝されていることを思わざるを得ないからである。

その当時の情況は、「私の青春時代」（一九四九（昭和二四）年、四九歳、教職不適格者として京都大学を退いていた期間中（四七〜五二歳）の随筆。なお「わが師西田幾多郎先生を語る」も、五一歳のときのもので、この時期に書かれたものである）に吐露されている。西谷は、自己の青春時代を、精神的な状態において、「希望が無いというよりも、希望への道を根こそぎ奪われた」ものであった、と語っている。「夢のように楽しく無邪気な少年時代」が、「父の死とともに一変」したからである。一六歳から二〇歳ぐらいの間に、「生きることを困難にするようないくつもの問題が、一度に襲ってきた」のである。「いくつもの問題」とは、まず経済的問題であったろう。そのような状態においては、健康に努めるとか、万が一に備えて蓄財に励むとかがふつうであろうが、落第の経験から「学校の成績とか、点数」とかは意味を失い（西谷は、学校への出席にこだわらなかった）、病気の経験から「死の問題がいつも心を離れる」ことがなかった西谷においては、むしろ「貧乏に無関心」（公職追放時の経済問題が、もちろん妻子への配慮がありながら、不思議に西谷の心を揺るがしていないのは、なおこの時の経験がその信念の底流にあったことを感じさせる）となり、本質的に何が人生の問題なのかということ、人生の第一義が問題となった（唯物論が西谷の心を引かなかったのは、それが「魂の問題に答え得るか」と問わざるを得なかったからであった）。

第一高等学校では、「心の底にはいつも無限の悲哀があり、死のような索漠」があったが、寮生活等、「生涯で最も愉快な時期」であった（第一高等学校では、クラスは「ドイツ法科」を選択。ドイツ語教師は、東大の哲学科を出た、岩元禎（てい）。夏目漱石の『三四郎』に登場する広田先生のモデルであると言われている。同学年に戸坂潤、羽仁五郎、一年上には川端康成等がいた）。

西谷は、中学の頃は「乱読」で、国木田独歩や夏目漱石はおもに中学の終わり頃に読み、高校の頃には、英語がよくできたので、シェークスピア、ワーズワース、スウィフトのような英国作家、スウェーデンボルグ神学の強い影響を受けたエマーソン、また、英訳で、トルストイ、ドストエフスキー（西谷は、ドストエフスキーに「いろんなことが、ひとつひとつ何となく自分に響いてくるという感じ」を抱いた)、さらにドイツ語で、ゲーテ、シラー、特にニーチェの『ツァラトゥストラかく語りき』は繰り返し読み、独訳で北欧の作家、イブセン、ストリンドベリ等々を読んでいる。『ツァラトゥストラかく語りき』には、「自分の一身上の状況からますます深まるばかりな苦悩と絶望の心境に、何とも言い表し難く響くものがあった」と述べている。それにしてももっとも深い影響を受けたのは、漱石であった。「その時期〈中学上級の頃〉に漱石から受けた影響は、次の時期に西田先生から受けた影響と同様に決定的であったと思う」と、述べている。

自分の一番奥の根本のところに、「どうにも仕様のない絶望」が深く根を張って、索漠の風に心は曝され続けていた。若き西谷は、「漱石のうちに同じような苦悩の声を聞き、自分の内奥における神経の顫動(せんどう)に響きを通わせてくる、同じような神経の顫動を感じた」のである。

漱石のどの作品のどこに苦悩の波長が合ったのかについては、具体的に語られていないが、『行人』の「一郎」の心境がまず思い浮かぶ。「死ぬか、気が違うか、夫(それ)でなければ宗教に入るか。僕の前途にはこの三つものしかない」とまで突き詰めている一郎の、「君の心とぼくの心とは一体何処迄通じていて、何処から離れているのだろう」という問いかけに、Hという朋友がドイツ語で〝Keine Brücke führt von Mensch zu Mensch.(人から人へ掛け渡す橋はない)〟と答えたのに対して、〝Einsamkeit, du meine Heimat Einsamkeit!(孤独なるものよ、汝はわが住居(すまい)なり)〟と、ひとり山道を駆け下りながら一郎はやはりドイツ語でほとばしるように叫ぶ。寂寞の風は、「孤独の心」に冷(すさま)じくふく。

漱石は、長兄を三〇歳で、次兄を二八歳でそれぞれ結核のためなくしている。もっとも親しく交わった正岡子規は三四歳で肺結核で亡くなっている。したがってつねに「死に至る病」のことは、念頭にあったであろう。ロンドンで精神的苦境に陥ってもいる。ロンドンでの留学帰国後も、しばしば精神的不調で大学の講義も休講にしている。

身心症（「心身症」と一般に書かれるが、「身心脱落」という言葉もあるように、「身」のうちの「心」と考えられるので「身心」と表記している）の代表とされる胃潰瘍で、何度か大量出血して漱石は亡くなった。結核ではなかったが、大量に吐血する有様は、結核と変わらなかったであろう。また、鎌倉の大覚寺で、一週間ではあったが禅の体験もしている。晩年には「自己本位」という立場を手にして、「則天去私」という思いにも至った。そのような漱石から、西谷は何を得たのだろうか。

いずれにしても、二〇歳以前の青年が陥る本当の絶望は、たとえば失恋によって生きる希望を失いながら新しい人生を模索するというような事とは質的に異なり、真直ぐに生そのものが意味を失う、というように現れる。癌細胞を例にとれば、癌細胞は、もともと自己自身の細胞である。だから健康な生を推し進めれば推し進めるほど、癌も大きくなり、ついに自己の生命を奪うものとなる。生自身の中に注入された毒のように、生きること自身が同時に死を孕むのである。そもそも生はつねに死に向かっている、生あるものは必ず死をエンドとする。ハムレットの"to be or not to be"、「生か死か」、つまり「生」そのものに意味があるのか、自己の存在そのものが「X」となるという情態に生じる本質的な「絶望」が、赤裸々に青年には現れる（「絶望」は、ドイツ語では、"Verzweiflung"。"zwei"は2の意味。いわば右と左に別れて、どちらか決めかねている状態は「懐疑していること」になる。それゆえverzweifeln で、懐疑する、を意味する。懐疑する状態が行き詰ってどうしてよいかわからない状態が「絶望」となる。"to be or not to be"は、したがって「絶望」の意味となる）。

若き生の真っただ中で、生自身を根源から麻痺させるものに直面した「生の絶望」は、しかし「生の力」とでもいうようなものと出会わせる。「生きるというただそれだけのうちに、或いは単なる生そのもののうちに、根源的に潜む力」が絶望を切り抜けさせた、と西谷は振り返っている。「生命というものの底には、生命それ自体が自らを肯定するというところがある」と述べているが、「虚無的な絶望のうちにあってすらなお肯定的であろうとする生の意味」が「抗毒剤」となった。西谷という「人」の根本には、ニヒリズムを通しながら、この時に経験した「肯定性」があって、深く漂う不思議な包容力のある人間的魅力の秘密を解く鍵がここにある。

〈武者小路実篤の「新しい村」に入ろうと考えたことがある、と直接西谷から聞いたことがある。武者小路には、否定性の深度について考慮すべき所があるにしろ、大きな肯定性が魅力になっている。西谷と深い交流のあった唐木順三が芥川龍之介に強くひかれたのに対して、西谷は異なっていた。また漱石は、「ドストエフスキーやトルストイをそれほど高く買っていない」と感想を述べている。漱石が「ドストエフスキーなどの影響はそれほど受けていない」、のに対して、おそらく西田幾多郎の影響も通して、漱石から得た地盤にドストエフスキー的な世界が深い魅力を放つところに西谷の一つの歩みがみられるであろう。〉

その振る舞いにおいてたとえば、本当に深い絶望を目の当たりにするとき、西谷はその絶望を手のひらにのせて、いわばひっくりかえす。西谷のもっともすぐれた弟子のひとりである上田閑照は、西谷に「何をするにも嫌になりました」と、意を決して相談したことがあった。西谷は、「それはいいことだ」と応じた。またやはり西谷の弟子である大峯顯が、「夜、不安で眠れない」と訴えたところ、「昼間も不安になればもっといい」と返した。人と人の間でも、否定から、否定の中での肯定、という苦悩の次元深化による転換が起こって、心が通じるような交わりが、西谷にはあった。

生の否定から生自身の肯定が現れるという身をもっての経験は、後に西谷の思想へと哲学的に錬磨されてゆく。ドイツ留学中に書かれた論文「ニーチェのツァラツストラとマイスターエックハルト」は、「何故に対する最後の答えが欠けている」というニヒリズムに立つニーチェと、「何故なしに生きる」という、ドイツ神秘主義者の地下水脈となったエックハルト（エックハルトは異端審判にかけられ、キリスト教の異端とされたことからその著作は表世界からは消されたが、地下に潜って影響を持ち続けた）とが論じられる。その論文において、生の否定と肯定とが組み合わされ、両者が共に「生の生に立っている」という論点が立てられる。

第二節　西田幾多郎との出会い

「わが師西田幾多郎先生を語る」のなかで、「西田先生に近付き得たそもそもの機縁」が、漱石から与えられたものであったと述べられている。漱石には、西谷が抱えた苦悩に顫動を共にするものがあり、しかもそこに同時に苦悩を超脱する道が示されていた。その道にあったものは、「哲学的な態度や禅的な心境」であった。

筆者が西谷宅を訪問し、話の前後は何も覚えていないが、『行人』が話題に上ったさい、西谷が、「ほら、蟹に見惚れるところがあったでしょう」と一言指摘した。筆者は、学生時代漱石を熟読し、特に『行人』の一郎にもっとも関心を持っていたにもかかわらず、そのような場面をすぐに思い出すことができなかった。しかし今でも昨日のことのように、漱石と言えば、西谷のその言葉がいつも胸底に反響し、西谷の、何かゆったりとして、何とはなしに、何かを示唆するような言いぶり、を忘れることができない。

〈その時はそれ以上に『行人』に言及することはなかったが、西谷はしばしば話を聴いていて、「それで」「それから」とか「たとえば」と口にしたことはよく知られている。西谷に問われて、ギリギリまで考え尽して述べたところで、「それで」と言われ、西谷の「怖さ」を心底から思わされた人は多い。「それで」という問い詰めは、西谷の場合、理詰めの語りをもっと突き詰めた「理」へ、ということであろうが、「それで」には「理」のさきへ、あるいは自己の考えが出てくる「元」、「理」が出てくるその自己は何処に居るのか、という問いが潜む。だからたんに学的に問い詰められて怖い、という厳しさのみならず、その人自身の有り方にまで及ぶ問いかけとなっているゆえの「怖さ」であろう。禅の公案を透過するさい、持って行った答は、何を持って行っても徹底的に否定される。西谷の「それで」は、そのような問い詰めに似ている。また「たとえば」という問いは、知的に走るのみで抽象的、観念的になっている場合、もう一度具体的で経験的なところと結び直してみたらどうか、という指し示し、と理解できれば、「それで」と同じところに差し向けていることになるであろう。「理」と「事」をつねに一つに考えようとする有り方は、「人間」として立つ青年期の「自己」の誕生の初源に根ざす西谷の「哲学」の「初め」に由来する。絶望からの哲学であるゆえに、その超脱が同時にそこに含まれなければ、哲学の意味がないのである。〉

西谷が指摘した「蟹にみとれる」場面は、一郎のHとの旅行での、先に取りあげた出来事があって、海から山へ旅先を変えた、宿泊先の借り別荘の庭でのことである。薄(すすき)の根に親指ほどの小さな蟹がはっていて、次から次へ薄の葉を渡って行く。一郎は動かずに立ったまま、その様子を観察していた。その様子をHは、「〈一郎が〉斯(こ)ういう些細(ささい)な事に気を取られて、殆(ほと)んど我を忘れるのを見る私は、甚(はなは)だ愉快です」と、一郎の弟・次郎に書き送っている。「ああいう風に蟹に見惚れてさえいれば、少しも苦しくはあるまいがね。まず絶対を意識して、それから其絶対が相対に変る刹那を捕えて、そこに二つの統一を見出すなんて、随分骨が折れるだろう」と、Hは一郎に語りかける。「絶対の境地を明かに認めている」にもかかわらず、その「世界観が明らかになればなる程、絶対は離れてしまう」という一郎の問題の解決の道が、「蟹に見惚れる」一郎の中に生じるのである。茂みのなかに咲いている百合の花弁を指して、一郎が、不思議な言葉、「あれは僕の所有だ」、と言った意味を、Hは次のように解読する。「物を所有する」というのは、「物に所有されること」である、逆に絶対に「物に所有される」ことが、絶対に「物を所有すること」になる。神の問題にかかわらざるを得なかったにもかかわらず、神が理的に認められればられるほど、神から離れてしまう一郎の落ち着けるところが、「蟹に見惚れる」ところに生じる「自己を忘れたところ」であった、と。そういう「自己を忘れる」という落ち着きどころは、筆者も十分に注視していたにもかかわらず、「百合」や「蟹」という具体物と一つに語られていたことが消えていた。西谷は、具体的に、ありありと、蟹に見惚れる一郎の姿を見ていたのである。そういう世界は、禅に通じる。

西谷の禅とのかかわりは、まず漱石にあり、大拙に導かれての事であった。「禅に興味を持ったのは、漱石を読んでから」、と西谷は述べている。また「僕が直接に禅に触れたのは、鈴木大拙先生の本によってでした」と語っている。

「漱石は本当の意味での勇気というものを教えてくれた。つまり、人生の第一義的なものに関して真実で真剣であるということ、自己はあくまで自己であるという自覚を失わず、人格的な独立と自由と失わぬということ」、漱石によってそのように有り得ることを学び得たのは、「より高い内面の世界」が開示されたからである。「苦患のうちに於ける深い健康、苦悩を受ける健康な仕方」を西谷は漱石から得た。「人生の第一義的なものに関して真実で真剣である」ということを、漱石の『こころ』の、「先生」が「私」に、「絶望者の血を浴びせることで」示そうとした、と西谷は読みとっている。

「絶望に沈んだ底で見いだされるような、生そのものの純粋肯定」は、「自分は自分だ」という形で自覚された。「絶望に沈んだ底」で、結局問題の当所は「自分自身が解決する以外には、他のいかなるものの力によっても解決できない」ところにある、「自分自身が自分にとって一つの根源的問題である」と気づかれ、それゆえ「自分自身を探求する」、あるいは禅における表現でいえば「己事究明（こじ）」へ、向かうことになる。その究明は、哲学の言葉で言えば「根源的主体性」の探究となる、そのことが若き西谷においては、「自分は自分だ」という自覚となった。

「自分は自分だ」が、「根源的主体性」に深められたのは、偶然西田幾多郎の『思索と体験』という著書を手に取ったところから始まる。

高校の一年から二年に進級する間の夏休み（当時は秋が新学期、一九一九（大正八）年）、本屋でたまたま「本の題名に高校学生らしい魅力を感じて、買って帰ったままである」、その本が『思索と体験』（岩波文庫の紹介では、「論文・小品のうち京都時代初期の作品をまとめたもの。リッケルトやベルグソンの思想に触れ、トルストイ、親鸞、八雲、更には親友藤岡作太郎に思いを馳す」とある）であった。前半の哲学論文は、当時の西谷には「歯が立たなかった」が、後半の随想的な文章には「深く心を打たれた」、しかもたんに親しく感じたというだけでなく、「もっと質的に違った、あたかもそれらが私自身の魂の内面から出たものであるかのような感じを受けた」のである。

西谷がこの本に出合ったのは、岩波版（一九一九（大正八）年五月）であろう。当時まだ西田の名は、一般には知られていなかった。

西田の『善の研究』は、一九一一（明治四四）年に弘道館からまず出版された。田辺元、柳宗悦、高橋里美等が注目したが、哲学に関心のない者にはほとんど知られていなかった。倉田百三が『愛と認識との出発』（一九二一年）のなかで、「個人あって経験あるにあらず、経験あって個人ある」という『善の研究』の序文にふれて、「独我論」を脱することができた、「心臓の鼓動が止まるかと思った……涙がひとりでに頰を伝った」、と感動的に取りあげたことによって、広く知られるようになった。西谷は、『思索と体験』を手にしたときは、西田の名も知らなかった。まったくの偶然で、しかも著書を通しての出会いであったが、本質的な意味での「出会い」が起こったのである。そういう出会いが起こり得たのは、西谷という「人」の有り方に通じる（西谷が初めて『善の研究』（岩波版）を手にしたのは、京都大学入学（一九二二（大正一一）年）後、京都の熊野神社近くの書店であった。『善の研究』が広く読まれた理由について、「非常にラディカルな、根本的なショック、衝撃を受けるというか、そういうものを与えるところが『善の研究』にはあるということではないかと思います。……銘々それぞれが様々なちがった生き方をしている人にも根本には似たような衝撃をそれぞれに与える」ところにある、と西谷は述べている。「事実其儘に知る……色を見、音を聞く刹那……未だ主もなく客もない……真の純粋経験は何らの意味もない、事実其儘の現在意識あるのみである」という冒頭の言葉は、どのような人の自己の有り方についても、その根本に端的にふれてくる力がある。その力の底に、「〈西田の〉魂そのものに直接に根ざしていた直覚」、「此のありのままの現実がそのままで絶対であるという感じ」が直に響く〉。

京大の哲学科へ進学するのには、かなりの煩悶と懊悩があった。「哲学という学問をやる自信が全くなかった」、また「哲学をやることは半ば世を捨てるに等しいこと」でもあったからである。「哲学をやることは何か断念するというような気持ちが含まれていた」、しかしすでに西谷には、「物質的の問題や、さらには世間的な利益や栄達などが、結局人生の第一義の問題ではない」という生涯「動かすべからざる信念」があった。その決断は、「木の実が熟して樹から落ちる」ように突然成った。それは、「一種の諦念」、「死んだ気持ちになった」を通過しているゆえに、「回心」を意味した。すなわち「心が開けるような、新しい生に生まれ変わったような気持ちがした」のである〈三歳年上の三木清が、やはり西田を慕って第一高等学校から京大に行ったことは、西谷は卒業前に高校の教師から教えられた。京大の時代は、高校時代に家庭教師をしていた家から、なお報酬が送られ、それを「前借」的に受け取ったお金と、前田家からの奨学金だけで賄われた〉。

父の死に始まった苦悩、漱石との対話という「哲学以前」が、西田のもとで「習い」、哲学することを通して、「哲学」へと向かうことになる〈西谷は最晩年の対談で、「西田先生に習った」という言い方をしている。「イミタチオ・クリスティ（キリストに倣う）」という表現があるが、西谷の内の内なる西田と西谷の関係を「習う＝倣う（イミタチオ）」という意味から理解できるように思われる。西谷の内の内なる西田とは、「現実の自分をずっと抜け出た一層高い自己の影像」であり、自己の存在の垂直方向を映すものであった。そのことで天と地の間にある自己が、自覚される。自己が自己を習うことが、イエスを倣うことになるような稀有な関係を若き西谷は得たのである〉。

西谷における「哲学以前」は、また「哲学以前」でもあった。その「以前」は、哲学の「初め」でもある。

第三節　哲学の「初め」と「終結」

京都に来て、西谷は一学年が終わった時、初めて清風荘（西園寺公望の京都別邸として用いられた建物、住友家が譲り受け、一九四四（昭和一九）年に住友家から京都帝国大学へ寄贈された）の裏にあった西田宅を訪問する。第一回目の訪問は、「火鉢をはさんで対坐しても、先生はむっつりと黙っておられる……仕方なしに、悪の問題にはどういう本を読んだらよいかというようなことをお聞きして、早々に引下がって来た」というような次第であった。

西田についに西谷の方から、「『悪の問題』というようなものを自分はいつももっている」と言ったのである。西田は、「そうか、それだったら、こういうものを」と言って、西田は本の名前を挙げた。ヤコブ・ベーメ、アウグスティヌス、ライプニッツ、カント、に言及があった。シェリングの名は、出なかったとのことである。二階の薄暗い和室の書斎で、沈黙のうちに向かい合った二人、動きが起こったのは、問題の提示のときだけであった。その後学部時代に西谷は、西田宅を訪問することはなかった。

「言葉に出るまで待つ沈黙」、その沈黙の恐ろしさが、初めて人として向かい合った西田から、人から人へ、と伝えられた。西田が亡くなって二十年以上も経って、「西田先生が今でも怖い」と、西谷は妻に語ったことがある。初めての出会いの現場は、生涯西谷のなかに生きつづけていた。

当時田辺元が、一九一九（大正九）年から、西田幾多郎の尽力により助教授として招聘され、京大で教育・研究を行っていた。第一高等学校からは、理科を専攻していた、同じ歳の戸坂潤が、京大哲学科へ入学していた。おそらく専攻が違っていたからであろう、西谷は京大で初めて戸坂と会い、西田のところではなく、田辺の自宅に在学中しばしば二人で出かけ、「長い間お邪魔」することになる。戸坂は、すでに田辺とは京大入学前に会っていたようである。「むつかしい先生のはずだったのですが、先生はとりつきやすい方でしたね」、と少し意外であるが、西谷は田辺を評している〈当時、第一高等学校出身者が三木清を中心とし、第三高等学校出身者が木村素衛を中心として、研究会がもたれていた。木村は、大正四年に三高に入ったが病気になり、三年間の療養後大正九年京都帝国大学文学部哲学科選科に入学し哲学を専攻した。西谷は、三木の指導のもと、アリストテレス（おそらく『形而上学』）をギリシャ語で読む会（三木の下宿で、戸坂潤をはじめ五名ほどの参加者であった）に、「何回も出席した」。後に西谷は、『アリストテレス論攷』（この著作は、昭和二三年に、一冊の著書として出版されたが、第一章は昭和八年、第二章と第三章は昭和一〇年に発表された論文である。西谷は、京大助教授就任時から、アリストテレスについての論文を矢継ぎ早に発表している。その後、『アリストテレス論攷』は教職追放時代に手を加えて成った。「宗教学」の研究に時間を取られていたが、「閑暇」を得て、まず手を付け直したのが、『アリストテレス論攷』であった）を著す。アリストテレス、そこから「構想力の問題」につながっていく、「知」の成立についての問題意識が、西谷の哲学的関心の底流にあり続けた。三木清にも『アリストテレス』（一九三八年）があり、完成を見なかったが『構想力の論理』がある。西田を真ん中において、三木と西谷を見る視点から、得られる知見もあるであろう〉。

一九二三（大正一二）年の日付のある「悪の問題に就いて」は、日付から見ても、もと在学中に書かれた西田へのレポートであった。論文の最後には、エックハルトの「ルカ伝第二十一章第三十一節についての説教」から、「神は実に私自身よりももっと私に近いというべきである」という言葉にふれられており、論文最後の文章は、「「裏を見せ表を見せて散る紅葉」――これこそ創造しつゝ没落し行くものゝ姿であろう」であった〈「裏を見せ　表を見せて　散る紅葉」は、死の床で貞心尼に示した良寛の辞世の句である。「形見とて　何かのこさむ　春は花　夏ほととぎす　秋はもみぢ葉」が、一般に辞世として流布している。「春は花　夏ほととぎす　秋は月　冬雪さえて　すずしかりけり」という道元の歌に、この歌は、曹洞宗の僧侶であった良寛が応じている、ともとれる〉。また西谷の卒業論文は、「シェリングの絶対観念論とベルグソンの純粋持続」であった。在学中からすでに、なお充分に噛み下されてはいない、原石のまま光る、西谷の思索が現れ出ている。

西谷における「悪の問題」は、「人間性そのものに見られる悪」の問題であった。したがってその研究は、カントの「根元悪」がどこまでも問題となり、後期シェリングにいたった。カントとシェリングとの間に、「宗教と哲学とが相入し統一に達する」ような「神秘主義」が研究され、その研究が後期シェリングと繋がって行くことになる。そういう繋がりの基底に、ベルグソンの「純粋持続」が見られていたのであろう。西田の「純粋経験」を、どこまでもヨーロッパの哲学の脈絡の中において見る、という志向が見られる。

なお西谷は、卒業後、京都高等工芸学校講師（一九二四（大正一三）年より、現・京都工芸繊維大学）、第三高等学校講師（一九二六（大正一五）年より、ドイツ語、倫理学担当）、京大文学部講師（一九三二（昭和七）年より、昭和九年より助教授、昭和一八年より教授）を務めた。

〈第三高等学校講師のとき、田辺から西田のもとへ行くように言われた。そのとき、西谷は西田に叱られた。西谷は会議のさい、自分に関係のある審議は終わったので、会議を抜け出し図書館で本を読んでいたことがある。そのことについて、高校から苦情が来て、西田に呼び出されたのである。「先生は気難しい顔をして世間の生活には世間の生活としての果たすべき義務がある、それを怠ることは許されぬ、と低い声で叱られただけ」であった。

西谷の、卒業後二回目の西田宅（田中上柳町）訪問のさい、西田は先客に向かって、「ほかの誰かがそれほど猛烈に嚇怒（かくど）したのにも出会ったことがない」ほどの怒りを向けた様子を目撃したことがある。それに比べて西谷には、「何か言おうにも言葉が口の奥へ引込んで行くような感じ」であった。西田には、分からないではない、という気分があったのかもしれない。鈴木大拙は、「西田はすこぶる情に厚い暖かな心を持っていた。……この暖かい心が動いていればこそ、彼の智も意も絶えざる燃料の補給を得たのだと、余は信じている。彼の論理には何かしら血が通っている」と述べている。その温かい心が、低い声で口ごもるところに出ていたのかもしれない、かえって西谷は、「なんとなく身の縮む思い」をした。

一九三七（昭和一二）年、西谷がヨーロッパへ留学するさい、西田は西谷に幾枚かの揮毫した色紙を与えている。そのうちの二枚には、「南泉云　平常心是道」、「黙々與天語　黙々與天行」（黙々と天と語り　黙々と天と行く）、と書かれていた。言葉自体にそれぞれ、そのつどの状況を超えた深い意味があるが、平常の生活が、日本にあっても外国にあっても、つねに天と語り、天と行くものでなければならない、という趣旨の言葉ともとれる。当時西谷に注意を与えたときは口ごもっていたが、言いたかったことはこの二語にあったように思われる。

なおついでにここでふれておくと、西谷は、一九三七（昭和一二）年より二年間、文部省在外研究員として、ドイツに留学した。最初はパリのベルグソンのもとに行ったのであるが、病気で入院中、面会もできない状態であり、講義を受けることはできなかった。それでフライブルクのハイデガーのもとで留学することに決め、学期の都合でベルリンに半年近く滞在後に、フライブルクに向かった。フライブルクは、バルトのいるバーゼルに近い、ということもあったようである。ただ当時バルトには、「ドイツの民族・国民の位置に対する理解がないのじゃないか」という感じを受けて、講義を聴きに行くことはなかった。ところで、なぜ最初はベルグソンか、ということについて、西谷は次のように述べている。

「西田先生なんかは、君はどこに行くつもりかと言われて、今行くとするとやっぱりベルグソン、ハイデッガー、それからもう一人、神学者として有名だったカール・バルトですと答えました。会っていろんな話しを聞きたいと思うのはそのくらいですと言ったら「しかし君はフランスがいいだろう、ベルグソンだね。君にはフランスが向いているからフランスへ行ったらどうか」と言われました」。

「君にはフランスが向いている」という西田の西谷観は、西谷のどこを見ていたのか、きわめて興味深い。西田の「純粋経験」が、ベルグソンの「純粋持続」と類似の側面があるのはよく知られている。ベルグソンのどこと西谷とを重ねたのかという問題意識は、西田のベルグソン理解にも役立つかもしれない。

ところで、呼び出された理由には会議の件だけではなく、授業の合間に教官室でも廊下でも知らず知らずに口笛を吹いていて、それが軽率である、という苦情もあった（三高はとても自由で、口笛が問題視されることはなかったようだが、「度が過ぎていて」、「或る老教授から苦情が田辺先生に持ち込まれ」、「それを西田先生に回され」という事情であった）。

西谷は、小学生の頃から歌が好きであった。高一のとき友人からレコードをたくさん聞かされ、バイオリンを少しの間だが、習ったこともあった。当時レコードは、かなり所有していたようである。「三高で教えたりした時分でも、ときどき哲学がいやになることがあって、今度生れ変ったら、なにになろうかと考えると、やっぱり音楽家だな、……作曲家です」とすら述べている。口笛事件も、どこか風の心のような自由を求める心情の表現であったかもしれない。ドイツ留学中も、ベルリンやフライブルグで、コンサートや教会音楽を聴いている。京都の自宅にオルガンを置いていたこともある。

また教職追放中、「笹原忘人」というペンネームで、『ベートーヴェンの面影』（一九四八年）という「編・訳」

（編集して翻訳）をアテネ文庫から出版している。西谷の音楽への関心と見識は、注目されるべきであろう。この本は、少なくとも四版を重ねている。内容は、ベートーヴェンに関する資料を適宜選んで訳出しており、「前書き」も「あとがき」もない。六三ページの小冊子である。しかし、各種資料からの抜き書きはいずれも簡潔ながら、ベートーヴェンの生涯が感動的に伝わってくる。ベートーヴェンの記念碑が立てられたさいの、詩人・グリルパルツェルの、次の記念演説の一節が最後のページに踊る。「霊感の瞬間、それは精神貧しき此の時代には稀である。諸君自らを聖化せよ！　此処に横たわれる者は、霊感に満たされた者であった。……げに古来、詩人達あり英雄達あり、歌う人々や神に照明された人々がある所以は、憐れな潰乱せる人間達が、その人々に依って真直に立ち上り、彼らの根源と目標とを思い起こさんがためなのである」。

「笹原忘人」は、百人一首の「有馬山　いなの笹原　風吹けば　いでそよ人を　忘れやはする」からとったペンネームである。歌は紫式部の娘、藤原賢子（かたこ）のもの。有馬山から「風吹けば」、「いなの笹原」（猪名川に沿った平地に生える笹）が、「いで（まったく）そよ（笹の葉がさらさらと葉ずれの音をたてる「そよ」と、「そうよ」の意味の「そよ」、と二重の意味をもたせた掛詞、上の句五・七・五は「いでそよ」を導き出す序詞）」、つまり「まったく笹がさらさらと音を立てるように、そのように私の気持ちも」、「あなたを忘れることができるでしょうか」、という和歌である。

教職追放中、一方では、おそらく生活のために哲学関係をはじめとした原稿をかなり書いている。しかしその追放中の心情は、当時もその後も一言も語られていないが、ペンネームにはベートーヴェンを追憶するという意味もあるであろうが、当時の秘かな気持ちを託していたかもしれない。

また音楽について、次の逸話がある。すなわち、京大宗教学の教授を務めた、親鸞等の研究者である武内義範が、西谷に、「わたしは音楽がわからない、言わばマイナスの意味で天才的な、並外れた音痴だ」と話したところ、「君それは大変なことだ、宗教学を勉強する者に致命的な問題だ」と言われ、「不治の病を宣告せられたように感じ」た、と書き残している。「君は映画をよく見るそうだが音楽映画か何かで好きなものはなかったか」と、西谷は続いて聞いた。つまりたんにマニア的な意味での趣味ではなく、音楽的な藝術に共鳴できる心情が、宗教の理解に不可欠である、という意味であろう（ギリシャ語のMousaがmusicの語源。Musicはもと芸術の守護者を意味する。西谷の「音楽」というのは、根本的には藝術的感性のことで、広い意味では詩や俳句の言語藝術も含んでいるであろう）。音楽、ないし藝術を愛し、共鳴するところに、西谷の思索の根ざすものが見られる。

京大では、一九二五（大正一四）年から倫理学講座の助教授であった和辻哲郎のもとで講義をもっていたが、宗教学の研究に専念するようにという波多野誠一からの意向が、和辻から伝えられた。「宗教学という一つの領域に自分の学問を限定する決意もなかなか出来なかった」が、「宗教学」の助教授として宗教哲学の講義を行うことになる。宗教学講座の助教授としての精力的な研究業績も発表されてゆく。

しかし、研究者として、哲学の研究に没頭する中で、西谷は三〇歳代、昭和になってから、「本ばかり読んで頭のなかで理解しても」、「一番根本に、まだ空虚のあるところを残している、満たされないところを残している」、端的に言うと、「自分の足が地についていない」という気持ちが強くなってくる。いろいろなものが、哲学の研究を通して見えてくるが、しかし手づかみでそれをつかんで自己の問題を解決できる、というようにどうしてもいかない。そこに行くには、ガラス戸のような透明な壁があって、そこに山があり河があるということが見えるのに、行こうとすると透明な壁があって、行ってはぶつかり、箇所を変えて行こうとしても、またぶつかる、という状態になる。

「そこではじめ鈴木先生のところに相談に行った」（大拙は、一九二一（大正一〇）年三月より、真宗大谷大学教授に就任）、そして円覚寺の古川堯道老師（広く「南天棒」という異名で呼ばれた中原鄧州等のもとで修業し、円覚寺の釈宗演に嗣法、円覚寺僧堂師家、円覚寺管長もつとめたが、渡米して布教活動、帰国後再び管長に就任）が、「一番いいかもしれない」ということになり、鎌倉で一週間坐禅した。しかし鎌倉に通うことはできないので、京都の相国寺の山崎大耕老師のもとで坐禅修行、「渓声」という居士号を大耕老師から与えられている。

どんな分野に従事しても、「一種の行き詰まり」のようなものに、誰しも陥る。それを打開するための、心理的な工夫の方法を教えてくれるということとは質的に違うものを、禅がもたらす。禅は「仏心宗」ともいわれていたが、「心」そのものの有り方を開く働きにその眼目がある。

西田に勧められて禅にいそしむようになったのではなく、直接には大拙によって導かれたのである。漱石を通して禅的境涯を感じ、大拙の本を通して、西谷はまず禅と出会っていた。したがって具体的に禅の道に進むにあたっても、大拙に相談していたのである。

〈西谷宅は京都の吉田神社近くにあったが、西谷宅訪問後、吉田神社の鳥居のところまで見送るために共に来られて、タクシーを拾おうとして、近くのタクシーに向かって、西谷が「オオーッー」という野太い大音声を発して呼び止めたことがあった。その地底に響くような音声は、公案集である『無門関』第一則、「趙州狗子」の公案への応対を如実に思わせるものであった（「趙州狗子」とは、一人の僧が、趙州禅師に、「狗子（犬ころ）に還って仏性有りや也た無しや」と問うたところ、趙州は「無」とこたえた。これは、「すべてのものに仏性がある」という仏教の根本の考え方に反する。もちろんこの「無」は、有無の無でもないし虚無の無でもない。そこで参禅（老師のもとに一人赴き、対坐して向かい合う）のさい、「ムーッ」と言って、自己の無の有り方を提示する）。「無の音声」は、西谷が公案を透過したことを実地に感じさせるものであった。

また佐々木徹と二人で西谷宅を訪問したさい、たまたま二人きりになり、急に雰囲気が変わって、筆者はフィヒテを研究していたので、"Ich bin Ich"とはどういうことか、と西谷に問われたことがある（フィヒテは、「我は我なり"Ich bin Ich"」ということを自己の哲学の根本原理に立てている）。その問い方の態度は、禅の老師を彷彿とさせるものであった。佐々木が戻って来たときに、サッとさきほどの部屋の空気を消す仕草も、どこか颯爽と清々しいところがあった。〉

透明な壁がところどころ透過可能になって、西谷の「学」も時熟してくる。「学」と「行」とが、かんたんに一つになるわけではないが、その統一が西谷において哲学的に熟してきたのは、「ニヒリズム」という問題を通してであった。西谷は、「私の哲学的発足点」（一九六三（昭和三八）年）において、自己の哲学の「初め」をなすものは、「結局「ニヒリズム」というより外ない」と述べている。

「ニヒリズム（Nihilism）」は、「虚無主義」と訳される。「ニヒル（ラテン語、nihil）」とは、「虚無」を意味するからである。しかし西谷の言う「ニヒリズム」は、すべてが無常で虚しい、とする考え方をたんに指すのではない。じゅうらいその意味での「ニヒリズム」は、「宗教」によって克服される、と受け取られてきた。しかし、「通常の虚無が克服される宗教の次元に、ないしはそれと等しい高さ（或いは深さ）の次元に、再び虚無が現われた」という本質をもつものであった。「ニヒリズムは、宗教に抗し得る立場の自覚を含んだ虚無、むしろ宗教否定の立場、しかも根拠づけを含んだ立場として登場して来た虚無」の立場なのである。ニーチェの「神は死んだ」という言葉に、その立場は、端的に示される。したがってその立場は根本的に、「倫理や宗教への懐疑」に立っている。

ところで哲学は、なにものをも前提としない、自由な思索の試みである。したがって「倫理」や「宗教」を前提としない。根本とされるもののその根拠が、つねに問題とされる立場である。しかも倫理や宗教が問われる、という ことは、たんに思想や論理の問題ではなく、「生きるということ自身における人間の苦悩」という自己の存在をかけた問いかけとなる。西谷の見出した「ニヒリズム」は、「根拠づけを含んだ宗教否定の立場」であるゆえに、その問題自身の内に哲学を抱えたものであった。したがって「ニヒリズム」は、哲学以前と哲学とを結ぶ「初め」となり、しかも哲学以降は、その「初め」に還ることとなる。

ニヒリズムの問題は、「生きているという現前の事実」が事実自身において問題化するところ、自己が自己を生きることが、自己が崩壊しているゆえに、不可能になってしまっているところに起こる。したがってニヒリズムは、再び「生きているということの本来の姿である直接の肯定性」、「丸ぐるみの自己存在そのものが元来もっている確かさを回復するということ」において、「超克」されることになる。したがって、「終結」は「初め」に還るところにある。あとで述べるように、「超克」とは、自己が本来の自己に還るという意味となるからである。「初め」が、「哲学以前」であるゆえ、「哲学」がそこから始まり、その終結は、すなわち「哲学以降」は、「初め」に帰ることになる。そういう大きな円環が、「空」という「開け」の「場」の上で、また中で生きる人間の生の形姿と言えるであろう。

自己はとうぜん自己にもっとも近い。にもかかわらず、あるいはそれゆえ、もっとも遠い。自己は自己に対象化されないから、自己であるからである。そういう意味でも、自己の底は、いわば底無きところにある。言い方をかえれば、いつでも自己が自己を裏切るところ、たとえば漱石の『こころ』で問題にされたように、不確実性のもとにある。自己の底には、自己ではないようなものが自己として動いている。その自己の遠さが、ニヒリズムにおいて、問われるのである。「自己から出て（自己存在そのものが懐疑の奈落に落ちることから）、自己に出る（生そのものの肯定性のもとにある自己に自覚的になる）」、それが、「ニヒリズムを通してのニヒリズムの超克」ということになる。

西谷において、「哲学以前と哲学とを通じて私にとっての根本的な課題は、簡単に言えば、ニヒリズムを通してのニヒリズムの超克ということであった」が、とうぜんそのニヒリズム理解のうちに、ハイデガーの哲学も参照されていたであろう。西谷は、フライブルグ滞在中、ハイデガーから訪問するようにという葉書をもらい、しばしばハイデガーの自宅で議論するほど、ハイデガーに思想的にも根本的に親しい感じを抱いていた。京大定年後の大谷大学での西谷の講読講義は、ハイデガーの『存在と時間』であったが（筆者もその講読に参加したことがある）、その読みは、ハイデガーの哲学を自家薬籠中のものにして、懐の中で温め直して、手のひらの上で歩ませて見せるという趣であった。西谷の「ニヒリズムを通しての」という言葉のうちには、若き日の絶望、西田との出会い、またハイデガーの哲学、もちろんニーチェもが、おそらくこめられていたであろう。

ただしやはり、ニヒリズムからの「ニヒリズムの超克」というばあい、西谷が「超克」をどのような意味で語っているかが考えられなければならない。「超克」という言葉は、「打ち克」って「超えてゆく」、というようにふつうは理解される。ニヒリズムという問題を乗り超えて、後にして済まし、それを「超克した」立場に立つ、ということである。しかし、それでよいであろうか。

「超克」の意味には、もちろんニーチェの『ツァラトゥストラ』が考慮、ないし思いのなかに浮かんでいるであろう。ニーチェは、人間を超克した（〝überwinden〟、乗り超える、〝über〟は「上へ」の意味、〝super〟と同義、英語では〝overcome〟、ドイツ語の同義語では〝meistern〟という語がある）「超人」（〝Übermensch〟、〝mensch〟は「人間」、したがって文字通りには「スーパーマン」という意味になる）において、ニヒリズムが克服される、と考えた。ニーチェは『ツァラトゥストラ』において、たしかに「人間とは克服されるなにものかである」と述べている。しかし『反時代的考察』では、「汝自身であれ。汝がいま行い、考え、欲しているもの、それはすべて汝ではない。……汝の真の本質は汝のうちに深く隠されているのではなく、汝の上に（über）、すくなくともふつう自分の自我と考えているものの上に、測りがたく高いところにあるのだ」と、言っている。この二つの箇所をつなげて「超克」の意味を考えれば、「汝自身である」ことが「汝の上」、つまり「超克」したところにある、と理解してもよいであろう。しかし、「超」は汝でないものではなく、汝自身、すなわち自己自身の上である自己の事である。「超人」の「超」は、そのものをそのものとして規定している壁を破って、そのものが本来のそのもの自身であること、を意味する、とも考えられる（なお、überwinden のドイツ語の同義語の meistern は、マスターする、という意味である。たとえば、自己が自己をマスターすることで、自己が本来の自己となる、ということであると、語義的にも解釈できるであろう）。

「ニヒリズム」は「否定」の立場にあるゆえに、「ニヒリズム」という立場に留まることは、「ニヒリズム」の立場ではない。したがって必然的に、ニヒリズムの立場は、あらゆる立場を否定してニヒリズムに徹すること自身にある。西谷の『根源的主体性の哲学』の「緒言」において、「「われ在り」ということの窮極の根底は底なきものである。われわれの生の根源には脚をつけるべき何ものも無いという所がある。むしろ立脚すべき何ものも無い所に立脚する故に生も生なのである」と述べられているが、「立脚すべき何ものも無い所」に立つ、ということが、「ニヒリズムの超克」、「ニヒリズムがニヒリズムにまさに立つこと」としての「超克」ということになる。「根源的主体性」の立場は、いま述べた意味における「超克」としての、「ニヒリズムを通してのニヒリズムの超克」であった、と考えられる。

「立脚すべき何ものも無い所に立つニヒリズム」の徹底としての「ニヒリズムの超克」には、ニヒリズムに本来的に含まれていた底無しの問題がある。すなわち、「ニヒリズムという問題には、宗教だけからも哲学だけからも、解決され難いものが含まれている」、その問題が西谷において根底的に考えられて出された立場が、「空」を主題化した哲学である。「空」は、もちろん大乗仏教から「借りて」こられた概念である。しかし「空」というと、仏教を哲学に応用した、とつねに最初から誤解される。それに戦争責任を問われ公職追放された、という経緯が重なって、西谷の叙述を手に取る必要は毛頭ない、とすら一般に考えられているかもしれない。しかし、西谷において哲学的に主題化された、「宗教だけからも哲学だけからも、解決され難いもの」を哲学するには、「絶対無の立場」をさらに空じる「空の立場」が、求められた。西田や大拙を受け継いで、しかも西田以降、さらに現代という歴史をふまえた「東西思想の交流」、あるいは真に「東西という境界を超えた哲学地平」をもたらすには、かえって仏教思想を背景にした「空」を哲学的に脱皮させた「空の立場」を立てることに意味があった、と考えられる。その立場は、『宗教とは何か』において論じられる。

なお西谷は、西田教授、田辺助教授の時代に、学生であり、またのちに田辺とは同僚ともなった。田辺との関係については、次のように語られている。

「僕自身にとっては根本的に何かを引っ張り出されたというのは、西田先生の哲学によってです……田辺先生の場合は、西田先生に対する感じとは非常にちがっていた。個人的にも非常にお世話になって親しくしていただき、ある意味で世話していただいたことは、沢山あったわけですが、学問的なという意味ではちがっていました。どっちかというと、議論し合うというか議論の相手にさせられたという感じがあります」。（『兄弟』三四四号）

また西田と田辺の間にいて、それぞれ両者の代弁者の代わりになったことも次のように語られている。

「田辺先生の頭にあったのは、西田先生と久松先生ですね。禅的という感じで共通していたものがあったので。……「こういうことについては西田先生はこのように言われる、自分はこう思うが、君はどうだ」……「しかし西田先生の意見はこういうものじゃないでしょうか」と私は言った。最後になったら、議論になりますけど、しかし感情的になったことはありません。ただ議論の相手でした。僕はたたき台みたいになったのです。逆に西田先生のところへ一人で行ったり友だちと行ったりしたときも、「田辺君はこう言うが、君はどうだ」と言われた」。（『兄弟』三四五号）

両者について、西谷は、次のように語っている。

「根本的に言うと、田辺先生の立場からは、なんというかな、「行為」、「プラクシィス」という言葉がよく言われました。「行為」という言葉がすべての根本だという考え方がありました。それに対して、西田先生はそのなかに「見る」ということが大事だと考えられ、西田先生は「行為的直観」と言われる。すると、それは直観である。直観というのは広い意味での芸術性で、芸術的直観みたいなのは、これは、哲学の問題として入って来るべきでないと田辺先生は考えられる。しかし入って来てはいかんとすれば、なぜいかんのかの問題になります。だけども田辺先生はそういうことはすっかり切り捨てていいという「行為」という立場ですね。最後は「行為」の立場と死を結びつけて「死・復活」と言っているわけです。……とにかく、田辺先生の場合には、芸術といっても、自分の立場から「死復活の弁証法」でやられておりました。そこらへんから、田辺先生自身の立場ですね、「死復活の弁証法」「実存共同体」という観念ですね、それから最後まで、西田先生とはどこか違う立場を打ち出されていたと思います。……西田先生の立場は芸術的直観で、それでは「行」以前であり、「行」になっていないという批判をされました。西田先生は、「それはやっぱり宗教を知らんからだ」と言われた。田辺先生はどこまでも倫理の段階であり、カント主義であるということですが、西田先生についていうと、僕は、あんまり簡単に片付けられ過ぎたという感じを持ちました。倫理というだけでなしに、それを越えたようなところで、先生は「行」と言われていると思います。そうすると、今度は西田先生の方から反論が来るわけです。僕に対してではありませんが、田辺先生に対しての反論です。……両方へ行ってたたき台になっていた感じを受けましたね」。（『兄弟』三四五号）

西谷の「空の立場」は、西田や田辺に学んだことの影響がもちろんあるが、やはり西谷独自の「自分は自分である」というところが最初からあって、西田にも、田辺にも、いずれにも与しなかった面が、「両方へ行ってたたき台になっていた」ことを可能にした。西田や田辺のような、オリジナリティーのある立場に、それぞれにたたき台になるような媒介者は、媒介者自身にオリジナリティーがなければ、両者、ないし三者の呼応を呼び出せないであろう。

〈西谷は、一九四七（昭和二二）年七月三〇日付けで、「著作の超国家主義的ないし軍国主義的傾向」によって、教職不適格者に指定され、教職追放となった。しかし一九五四（昭和二七）年には、京都大学文学部教授に復帰した。

京大より発行されている「大学文書館だより　第四五号」（二〇二三年一一月二二日）に、「教職追放を受けた京大教員」が、当時京都大学大学文書館の助教であった渡辺恭彦によって掲載されている。その記事によれば、「各学部の審査委員会から不適格と判定された者は、一九四六年度末で九名（佐伯千仭、大西芳雄、倉内吟二郎、上治寅次郎、西谷啓治、鈴木成高、松村克己、大塚一朗、高田保馬）に及んだ。文学部では一九四六年一〇月末までに七名が審査を受け、そのうち松村、西谷、鈴木の三人が不適格の判定」をされた。

教職追放の基準は、「講義・講演・著述・論文等の言論や行動によって、侵略主義あるいは好戦的国家主義を鼓吹し、大東亜政策、東亜新秩序等に理念的基礎を与える学説を唱えたりした者」であった。西谷の場合、

『世界史的立場と日本』（一九四三（昭和十八）年三月二五日）及び「世界観と国家観」（一九四一（昭和十六）年八月五日）で東亜新秩序や大東亜戦争に理念的基礎を与えた、という理由であった。『世界史的立場と日本』は、座談会で、出席者は、西谷啓治・鈴木成高・高坂正顕、高山岩男の四人であった。高坂正顕、高山岩男は、大日本言論報国会理事を理由として教員適格審査委員会の判定を経ずに自動的に不適格。各大学では、教員適格審査委員会が設置され、文学部では、西谷の属する「哲学」の審査委員長は、山内得立であった。第三者による審査ではなく、同僚による審査であった。高坂・高山は公職追放と教職追放、西谷・鈴木は教職追放という事態となった。

東京大学では、二九二〇名が審査され、五名が不適格に。京都大学は二三五〇名が審査され、九名が不適格。北海道大学は、不適格一名。東北大学は三名が不適格等々で、京都大学において多数の不適格者が出ている。各大学による審査であった点に、ある恣意性も関係しているかもしれない。

注目すべきは、高山は田辺退官後の哲学哲学史第一講座を担任することが一九四五（昭和二十）年六月二一日付で決まり、一一月に学位を授与されており、すでに宗教学の教授であった西谷が、学位を授与されたのも、一九四五（昭和二十）年九月三〇日であった。学内では時勢にかかわらず、学術的評価は独立してなされており、審査委員会での評価と差異する点も見られる。

やはり思想的な戦争責任にかんして、つねに問題とされてきた『近代の超克』は、文芸誌『文學界』（一九四二（昭和一七）年九月および一〇月号）の特集記事で、学者や評論家などの一三名が参加し、西谷・鈴木も参加していた。教職追放についての歴史的検証も十分に行われておらず、この本について、政治的バイアスを除いて、大東亜戦争を文明的にどう位置付けるかという議論における検討も、おそらくほとんどなされていない。そこに論じられていた諸問題は、現在における諸問題と同質の問題でもある。

西谷は、追放後これらの問題に関して、なんら発言していない。その点、国内において、またことに外国の研究者につねに批判され、西谷の思索の入り口に立つことも忌避されがちであった。しかし追放後の西谷の思索のうちに、その時点から現在にまで及ぶ問題意識が継続してあったはずである。そのような視点からよく見えてくる、西谷の思索の根源性があるであろう。〉

次の第二章では、『哲学とは何か』を読み取りながら、哲学も、宗教も含みながら、そのいずれでもない「空の立場」についてみていきたい。

第二章　「虚空」の場

第一節　「虚無」のリアルさ

（一）『宗教とは何か』の出版経緯

西谷の主著とされる『宗教とは何か』は、創文社から出版された『現代宗教講座』（一九五一～一九五二年）の、第一巻、第二巻、第四巻、第六巻に掲載された四論文に、さらに一九六一年までに執筆された二論文を追加して、一九六一年単行本としてやはり創文社から出版された。

ところで西谷の思索の主導線を形成する著作『ニヒリズム』（一九四九年、弘文堂の「アテネ新書」として出版）は、小人数のグループで話された講話を、鈴木成高が筆録したものである。『宗教とは何か』も、当時創文社編集部にいた源了圓による『現代宗教講座』の筆録による。「話す」という仕方で考察を展開するという方法は、思考が深くわだかまって表に出ないという傾向があるところで、それが表に出てくるとき、西谷の思考のスタイルとおそらく本質的に調和するものがある。

『宗教とは何か』の諸論考について西谷は、「論文」という言い方をしないで、「六つのエッセイ」という言い方をしている。エッセイは「随筆」と訳されるが、ほんらいの〝essay（エッセイ）〟のあり方をこの六論文は示していて、この著作のあり方、またねらいに対する西谷のイメージに近い表現であろう。

そもそも西谷が自ら書き下ろしの単行本の出版を企画した自著は、おそらくない。その著作はしたがって、さまざまな機縁によって求められたテーマにそって、西谷の思索の深部からの照射によって独自の展開が見られる、という景観を示す。

処女出版である『根源的主体性の哲学』（一九四〇年）は、弘文堂による出版までの説得に一年半を要した。弘文堂の「西哲叢書」の計画では、ベルクソンを西谷が担当予定であったが、出版に至っていない。しかし大部の原稿を書いていたはずである。また百巻の出版計画のあった「筑摩総合大学」の『哲学入門』も依頼されていたが、日の目を見ていない（とくに思い入れの強い著作や論文のばあい、締め切りに提出されない傾向が強かったのであろう）。そのような経緯を熟慮して、源による口述筆記という形となったと考えられる。「書いたときの不満足ばかりが心に残っているので」、なかなか原稿を手放せない、という気持ちが強かったようである。どこまでも問題の広くて深い在りようの、「元」の「元」へと深まらなければ納得できない、という「思索のしなやかな強さ」が、晩年にいたるまでの叙述の新鮮さの秘密であろう。

驚くべきことは、さきにも述べた、西田幾多郎に学生時代提出したレポートの境位が晩年まで一貫していて、時間を超えて、西谷思索時空がつねに常在していて、そこに思索が住まわっていたことである。

したがってどの論文、文章も、みな根底ではつながっていて、次々に思索が関連しあい互いの思索を映しあう。そこに、西谷論考に切り込むために、特定の主題的な観点を置いて、西谷を論じる困難さがある。考察の切断や、終局を許さないような厳しさが、西谷を論じるものの身にも染む。「書いたときの不満足」は、西谷の思索世界の底知れない深みを思わせる。

一論文で論じた事柄は、他の諸論文にも、執筆時機を越えてつながっていく。しかも重要なことは、繰り返しに見えながら、新しい問題局面や見方が考慮され、思索の展開は限りなく続いていく景観を呈する。

話を『宗教とは何か』にもどせば、当初四論文が口述され、それから約十年後にさらなら二論文が書かれて、単行本となったわけだが、単行本『宗教とは何か』には、「宗教論集Ⅰ」という副題がついている。つまり「宗教論集Ⅱ」が、構想されていたはずである。西田幾多郎の晩年の『哲学論文集』のように、数巻の展開を思い描いていたかもしれない。しかし『禅の立場　宗教論集　Ⅱ』が出版されたのは、一九八六年であった。およそ三五年の時間の中にあって、考察はひとつながりの、表からのまた裏からの、さらに表裏をつないだ転じ方を形成している。

『宗教論集Ⅱ』の「第一部　禅の立場」に区分された二論文は、筑摩書房『講座　禅』の第一巻（一九六七年）、第七巻（一九六八年）、さらに第二部「禅をめぐる諸問題」では、第二巻（一九六七年）、第八巻（一九七七年）の論文が収録されている（所収論文のなかでもっとも古く発表されたものは一九六〇年、もっとも新しいものは一九七七年である）。つまり『現代宗教講座』から単行本が生まれたように、当初『講座　禅』の出版計画に合わせて、出版するつもりがあったと推測できる。しかし出版されたのは、一九八六年であった。したがって『講座　禅』所収論文以外も収録された。しかも佐々木徹の編集案にもとづいて成ったものである。佐々木は他にも西谷の単行本出版の編集提案もしていて、佐々木の働きなければ、『宗教論集Ⅱ』も、出版されることもなかったであろう。西谷はしかし、佐々木の提案であったとしても、みずからの著作として出版するものであるという明確な主体性も表明している。それにしても第三部には、「詩偈」（一九六二年）が収録されたのは、おそらく佐々木の提案だったであろう。「空の立場」から「禅の立場」を語る「宗教論」を展開した西谷の本領は、「我と汝」関係の具体を「詩偈」のなかに見たところにあった、と思う。このことについては、あとの章で取り上げたい。

(二) 意識による自縄自縛――自意識という洞窟に閉じる自己

近世的自我は、意識に囚われて、自縄自縛となっている。外のものを内に写し取るという表象の作用は、外のものを外のものとして内の表象において見る、すなわち表象から独立なものということ自身が、やはり表象としてのみ成立する、という表象のパラドックスのうちにあり、その矛盾が破られて、リアルな「もの」が現出してくる。それが「経験する」という出来事である。

「我考う、故に我あり」ということは最も直接にリアルな事実であるとしても、そこから近世的人間の自我の立場が成立して来るということは、一見当然に見えながら実は必ずしも当然ではない。そこに最も微妙な、隠れた問題が潜んでいる。「自我」の立場は、「我考う」が「我考う」から考えられている立場であり、「我考う」の二重化に成り立つ立場である。そこでは主体性は、自己自らのうちに閉じた自己として成立してくる。それは、自己が自己自身から抜け出られないような仕方で自己自身に縛られている、ということである。その自己の存在そのものが、いわば自執的、自縄自縛的ともいうべき性格をもっている。そしてそういう自己のうちには、自己自身からの解放の要求ともいうべきものが深く潜んでいる。その解放、即ち「我考う」や「我あり」の実在性が実在的に現れてくるのは、かの「我考う」の二重化を破り、意識―自意識の場を越えた地平に於て初めて可能である。主体性も、デカルト的自我の立場を破ったところに初めて根源的な主体性として現れ得る(『西谷啓治著作集』、第十巻三八頁、創文社。以下のこの章の引用はすべて十巻からのものである。したがってこれからはページ数のみを記す)。

中世から近世へ、「ルネッサンス」や「宗教改革」等を通して、人間を世界の中心に据えて私たちの世界やあり方を考えていくという、「近世・近代」の時代が動いていく。世界の中心に据える、というのは、世界の事物が存在するということの基本的原理を、人間の存在とその理性によるものとして、生活を築いていくことである。

〈自己の法則を破らない自然に通徹して、その法則性に則って人間技術を適応する、科学と技術との結合の経験を示したレオナルド・ダ・ヴィンチの作品に、具体的な近世の動きを見ることができる。そこに見られるような動向はその後、「科学技術」による「操作主義」という、利便性や効率性を追求する「人間中心主義」の方向を極めていった。ほんらい「技術」と一つであった「藝術」は、「テクニック」の「味付け」ないし「装飾」の地位に追いやられている。しかし「技術」の「底」に、だれもが「空虚」を感じているであろう。効率性をのみ価値とし、目的とする生き方からは、生きることにおける「不満」が取り除かれることがないからである。技術の底に藝術が開かれるような人間の生の可能性が、西谷を通して考えたい本書の大きな問題意識の一つである。〉

中世から近世への展開において、近世以降の考え方の原理を示した言葉が、デカルトの「我考える（コギト）、故に（エルゴ）我在り（スム）」であった。近世以降の人間中心主義の原理を、この言葉にこめられた意味に見ることができる。

〈デカルト当時まだ著作はラテン語で書かれていて、「コギト　エルゴ　スム（cogito ergo sum）」はラテン語、デカルトの母国語のフランス語では「ジュ・パンス、ドンク・ジュ・スイ（Je pense, donc je suis）」となる。cogito、あるいは“je pense”は、英語では“I think”にあたる語である。think は自動詞でもあり、他動詞としても使われる。他動詞では、主語が対象をどのようなものと考えるのか、という使い方がなされる。“think it through”、という表現は、「熟慮する」という意味となり、見られているものの中身を通し見て、あり方や構造を見抜く、というニュアンスであろう。しかし同時に自動詞である、ということは、「考え」は、雨が天から降るように、自分の内外から湧き出て来る、という面もあるからであろう。ドイツ語では、think と同意味の denken（デンケン）と、「思う」と訳される〝meinen〟（マイネン）という語がある。〝Es（エス、非人称主語）scheint（シャイント、現象する）mir（ミア、私に）〟という、非人称主語（es は英語の it と同意味）の表現がある。「私は思うに」と訳される文である。しかし直訳的表現で読み取ってみると、「思い（meinen、名詞では Meinung）」は、私が主語でなく、何ものかが私に現象してくるあり方をしている、と受け取られていたことを示す。そのようなことを考慮すると、つまり「考える」の自動詞的側面を考慮すると、「我思う（「考える」ではなく）、ゆえに我在り」という訳もありうる。また「考える」ということが、もともと論理的思考に絞られたものではなかった、ということをふまえれば、「我思う」の方がふさわしい訳とも言える。しかしデカルトのコギトの内容展開は、まさしく論理的思考であって、「考える」という事柄であった点を考えれば、「我考える」が適当とも言える。

　ところで西谷はしばしば「思う」という表現を使っているが、このような表現は研究論文で使われることを避けるべきである、という意見もありうる。客観的論理を緩めた主観的考察・主張という誤解を生むからである。しかし西谷は自己の「考え」がたんに「自己の」ということを超えて、もっとも広い、「理」（論理性）に則りながらの思索であったことを、「思う」という表現ににじませていた、あるいは「考える」ということがどういうことなのかをこの言い方にこめていた、とみてもよいであろう。

　ちなみに日本語「おもう（思う）」は、「おもて（表、また面）」と類語である。「うらがなし（心悲し）」の「うら」は「心」の意味。表に出ない、「裏」にある、つまり見えない奥にあるものが「心」である、と考えられていた。心が表に、あるいは面（おもて）に出ることが、「おもい」となる。心は、感じたり、考えたり、望んだりする。

「フランス語“penser”（過去分詞は“pensé”、名詞として使われ「パンセ（思想）」の意となる）も、そのような広い意味で使われるということをふまえると、「我思う」が、適訳と言える要素もある。〉

ついでいま示した西谷の言葉を、追ってゆこう。「もっとも直接にリアルな事実」として「私はある、存在する」ということに気づき、「我考える、故に我あり」という「命題」が表明された。それは、どういう考えのもとにある事柄であったか、についてさらに考えて行こう。

〈「我考う、故に我あり」にかんしては、その文はデカルトの『方法叙説』や『哲学の原理』に登場し、また『省察』にも関連した事柄が述べられる（引用は、すべて『世界の名著 22 デカルト』中央公論社、による）。根本的な「真理（なんらかの確実なもの）」とは何か、を探求するためにデカルトは、「ほんのわずかの疑いでもかけうるものはすべて、絶対に偽なるものとして投げすて」る。この懐疑の心的状態は、病にも達していたであろう。深い懐疑意識状態の闇のうちで、「私はある、存在する」という直感が生じる。そのことは、あらゆる「思い」が幻想で虚妄であるとしても、「私がこれをいいあらわすたびごとに、必然的に真である」のだから、「我考える、ゆえに我在り」と「命題」化される。「すべては偽であると、考えている間もそう考えている私は、必然的になにものかでなければならぬ」と「我考え」て、命題として言い表わされたこの認識は、「あらゆる認識のうち、順序正しく哲学する者が出会うところの、最初の最も確実な認識」とされた。

　ここで注目すべきことは、「考えること」とは「考えること、そのこと」であるとデカルトが「考えた」ことである。「私がこれをいいあらわすたびごとに（「考える」という働きを遂行しているとき）、（「私は存在」するということは）必然的に真である」、したがって「これをいいあらわさないとき」、すなわち「私が考えることをやめたとき」には私は存在することをやめてしまう、と言われる。「たびごとに存在する」ことから「私とはただ、考えるもの以外のなにものでもない」、すなわち「精神」、あるいは「理性」にほかならないと認識され、デカルト哲学が展開されてゆく。

しかし近世の始めの時代にあって、デカルトにとって「自己が存在するとはどういうことか」の探究が、やはり根本問題であった。だからコギトの命題の次に、神の存在証明へと議論は進むのだが、近代的合理性の祖と位置づけられる方向にデカルトは受け取られてゆく。

そもそも「我存在する、故に我考える」という理解がふつうであろう。デカルトはこの常識を逆転させた。そのことで考えるという意識の内実に深く入って行くと同時に、意識の外との乖離を生む、という事態がそこに生じる。意識による自縄自縛という問題は、ここに生じる。〉

デカルト以降、明晰判明（clara et distincta）に、つまり対象をそれ自身において明らかにして（明晰、clear）、他と明確に区別できるもの（判明、distinct）として認識する私の理性的意識の確かさに裏付けられた「もののリアルさ（英語 real、語源は物理的に存在しているものを意味するラテン語の res）」に立ったところから、「近世的人間の自我の立場が成立して来る」と考えられるようになる。「そこにもっとも微妙な、隠れた問題が潜んでいる」ことを、西谷この慧眼は見抜く。その問題の在所は、デカルトの「自我」の立場が、「「我考う」が「我考う」から考えられている立場」だというところにある。そこに潜む隠れた微妙な問題とは、「我考える」の二重化にさらに潜む「自己の内」に閉じるという方向と、そこから開放されようとする要求との複雑な葛藤である。

〈「我考える、故に我あり」は、いちおう「もっとも直接にリアルな事実」と見えるが、リアルな事実とされるのは、「自意識—意識」の場において見られていたからである。それは、かえって「リアルな事実」が隠されている事態である。にもかかわらずリアルな事実に立っていることが自明であると思いこまれるのは、「眼は眼を見ない」、という事柄と共通な事態がある。しかも「自我意識」（すべてをわがものにしたいという自己執着）を底流とする「自我的自意識」（認識がなされるための基礎的要素となる自意識が、自己中心的に意識を構成しようとする意識へと呼び起こされた意識）が、「眼は眼を見ない」というときの「（見）ない」という否定性につけこんで、「自己がすべてを自己のみのものとしてかかわろうとする」あり方、すべてを自己の支配下に置き、どこを見ても自己の姿しか見えない世界としようとする、つまり「自己内に閉じる」、いわば「自閉的自己」を形成する。しかし自己執着にまといつかれた自己は、自閉の孤絶が高まるほど、自閉が破られること、つまり「開放」の要求を高める。内への執着の高まりが、開放への要求を高め、さらにそのことがかえって自閉を強めるという相反する葛藤が、人間の心に起こる。そのような事態の起こる根本が、「「我考う」が「我考う」から考えられている立場」にある、と西谷は述べる。

「我考える」を「我考える」という立場から「考える」という意識の働きが、意識のどの層から動き出しているか、という問題が見られている。〉

「我考える」の二重化という事態を、もう少し解きほぐしてゆこう。

まず見ておかねばならないことは、「我考える、故に我あり」が直感された真理であったとしても、それが「命題」として提示されることによって、「真理」の第一基準とされることである。このことが、「「我考う」が「我考う」から考えられている立場」の成立に隠されている事態である。

命題として導出される言い回しはかなり入り組んでいて、「我考える、ゆえに我在り」という真理は、「堅固な確実なものであることを、私は認めたから」、それを「哲学の第一原理として」、「安心して受け入れることができる」と「判断した」、と日本訳されている。これはたくみな訳であるが、原文を直訳的に読み取ると、「私が真理と見なしたことによって、哲学の第一原理として受けいれることができる」となる。そのように「(私は)判断した」と日本語訳では締めくくりの文で、総括される。「我考える、故に我あり」が真理であると、「我判断する」、つまり「そのように我考える」ことによって、存在の第一原理となるのである。この事態を西谷は、「「我考う」が「我考う」から考えられている立場」と言い、それが「自我の立場」と言われた。

〈「自我」は、意識を成立させる原理としての「我考えるものとしての自我」、という意味であると同時に、「自己中」な自己、「我」をはる「自我中心的な自我」でもある。認識をになう自己意識としての「自我」と、エゴイズムの原理となる「自我」とは、明確に区別して述べられるべき、とも言える。しかし、「意識」の働きがつねに情動によって影響を受けており、そもそも純客観的な意識ということ自身が抽象的である。物理的世界を、絶対時間と絶対空間によって構成されたものと考えることが、やはり世界の抽象であるのと、それは似ている。まずそのような見方が一面において抽象的であることを前提にして、しかしそのような見方によって得られる知見を尊重しつつ、「意識」の深層に迫ることが重要であろう。

「意識」と「自我」との絡む「表層意識の深層」を見るところから、意識の自縄自縛という事態が見えてくる。「そういう自己のうちには、自己自身からの解放の要求ともいうべきものが深く潜んでいる」という葛藤が同時に見られる。

「知る」という働きが、いかに人間の在り方の深みに根ざすかを、西谷は見逃さない。〉

「表象から独立なものということ自身が、やはり表象としてのみ成立するということは、表象に(従ってまた対象に)本質的に含まれるパラドックスであり、意識というものの場に本質的なアポリアである」、と述べられる。表象する意識が成り立つ根本に、意識のパラドックスがある。そもそも見ることによって、ものが見られるのだが、それは「見る」から独立しているものをつねに「見られたもの」とすることになる。「意識」において、ものが「表象」されることが、「考える」ことの基礎である。「表象」とは、意識の場において、「自己意識」にたいして対象を立てること、つまり思い浮かべる、ことである。意識はつねに何ものかにたいして成立する性質をもつ（意識の志向性）ので、自己意識の志向性において対象意識も立てられる。意識に対象が与えられて、対象について考えるということが始められる。デカルトのコギトの命題は、この場面における第一原理として機能している。

しかし意識に対象が与えられるということは、意識の外にあるものと、意識の内との対立が前提されているし、そもそも外のものがいかに内に現れうるのか、という問題の上でその前提は考えられなければならない。

外のものが内のものと出会うことは、内が破られることによる。たとえば「よい経験をした」という表現は、いままでのものの見方の枠組みが破られて、新しく物が見えてくる、ということを語っている。いわば意識の場が破られてものと新しく出会い直すことが、「経験」という出来事である。西田幾多郎は、そのような「経験」のあり方をさして、「純粋経験」と呼んだ。それは、「我考える」の二重化が破られて、意識成立の原初に立つ経験だから、「純粋な」つまり対象意識に染まっていない意識の経験のことである。

〈「意識」は英語で“conscious”、その語のもとの意味は、「共に（con）知る（sci）（science の sci も同じ意味）」である。ラテン語の“conscientia”が語源であり、もともと「良心」や「常識」の意味で使われていた。「良識」という意味を持っていた語が、近代的な「意識」の意味に変化してくるのは、意識が人間に内在的な理性の場とみられ、そこにある理が意識の外にある自然のうちにも見られるようになってゆくことによって、意識の場が内外共通の場と見なされことから始まる。そのような理解の確定的な始まりが、デカルトの「コギト」である。

また「事実（英語、fact）」は“factum（ラテン語、「為されたこと」を意味する）”を語源とするが、“truth”“reality”の意味を含むようになる。“real”とみなされる“fact”が、もとはたんに「物理的な事実」を意味していたのが、「実在」や「実物」、つまり想像でない「現実」、そこから「いつわりのない本当のこと」を意味するようになるのは、近世からである。

「意識」や「事実」というものの意味が、近代以前と異なる意味合いを持って来たのである。そこでたとえばドイツ語では、「意識」に“Bewußtsein”（直訳すれば「知られてあること」）、「事実」に“Tatsache”（やはり直訳すれば「行為の事柄」）という語が造語された。〉

光の中にあっては光を意識せず、空気の中にあって空気を意識しないように、意識の中にあって、私たちは意識を意識しない。自己意識によって成立する意識界は、自己意識の光のうちにあって、改めて意識されることはない。西谷はそのことを、「自己意識のもつ自明性、自己が自己自身にとって明白であるということ自身が、反ってその明白な事実をそれ以上の場から見る必要を感ぜしめない」と述べている。さらにその場は、すなわち「意識の場は、自己という存在と事物という存在との係わりの場であり、要するに存在だけの場、存在の根柢にある虚無が蔽い隠されている場である」と続けて述べられる。

〈光によって目は見る働きをなしているゆえに、目が見ているのは物に反射する光であって、私たちは「ものそのもの」を見ているのではない。意識の光に照らされることで、いわばものはその背後の闇に隠れる。存在の光によって、存在の闇（光の陰）が生じる。したがって反射光を見ているだけだから、そこに存在そのものを見ているわけではない。存在自体がそこにあるのかどうか、またその本体が不明であるという、存在の「真実」が虚しくも分から無いという知の「虚無」が隠れている場、さらにその存在性の不明さの奥では「存在の根柢にある虚無が蔽いつくされている」場でありうるということが、意識の場の秘密なのである。しかも光を通すよりほかに、光に隠れるものを見通せない。見えないものは、見えるものの陰として見るほかない。しかし陰（物の「陰」にたいして、影は「月影」と言われるように「光」でもある）は、光陰をふまえた「影」を含み、影をなす当体とふれている。近代は意識の場における人間理性の明るさの世界、意識の場を主舞台に生きる世界である。その明るさに隠れながら光る影の当体、すなわち対象化されない、非対象的に現前する「自己」や「生」の世界をいかに自覚するか、という問いがここに生じる。〉

外に対象があり、内の世界に、表象の対象としてものが成立する、すなわち外が内にあるものとしてのみ成立するという不思議な在り方、そこに「意識のアポリア（矛盾するゆえ解けない難問）」がある。外を前提にしながら、外が内にあるということが、表象の矛盾である。その矛盾を受け入れなければ表象が成立しないというところに、表象のアポリアがある。「表象から独立なもの」が、「表象としてのみ成立する」、というパラドックスは、「意識」の場に本質的なアポリアであると、したがって西谷は指摘する。このアポリアが、しかし意識が意識のみの世界に閉じ籠ろうとする、意識の自閉性の開放という問題への手がかりとなる。

〈存在の場にあるとされるものは、つねに変化し消滅してゆく。常にあるということが無くなり消えてゆく。それが「無常」ということであり、この無常性と一つにあるのが、「存在」の裏面である。表象を場とする自己意識の自明性ゆえに、存在を当然のこととして、わたしたちは生の場面の日常性に目を奪われて生活している。虚しく無くなってゆくという「虚無」すらも、表象の対象として、存在の反対物である「虚無」という物として「在るもの」と見ている。表象の外にある物が、表象の対象物として成立しているところに、表象の成

立する根本構造がある。〉

このアポリアゆえに、表象と対象、内と外、というということ自身が、滑り落ちることになり得る。内とか外ということそのものが意識から滑落して、すべてが「謎」、「不可解」となり、支えるものなき虚無の開けが生じるところに、西谷は「主体的な踏み越え」の働きを見る。「意識の場、「内」と「外」との離隔的な係わりの場が主体的に踏み越えられて、「内」と「外」との根柢に一つの虚無が開かれるということである。然もその虚無が開かれるということが、一つの根源的な主体的自覚なのである」、と「根源的な主体性の自覚」ということが、当面する問題の正面に浮かんでくる。

内と外との隔離が滑落して、内の内、外の外が、内外の区別なき一つに虚無の場となる。そのような虚無の開けが、「主体性」ということと、また主体性の「自覚」ということとかかわる。主体性の成立とその自覚とが、一つの事柄として生起するということはどういうことで、虚無の現前ということと、「主体性的自覚」とがどのようにかかわるのだろうか。「虚無の場の開け」をめぐって、さらに西谷の言葉を追ってゆこう。

(三)「虚無」の開け――もっとも深く「自己に逢う」ということ

表象のパラドックスに陥っていることに気づき、自分が考えたり思ったりしていることや、すべてが謎の世界に変貌して、虚しい思いに包まれる。その虚無が気分ではなく、世界に存在するものの実態となって、私たちは底無しの虚無というものに相逢う。

しかしすべてが徹底して、底なしに虚しくなったとき、「虚しさ(色即是空)」が「空しさ(空即是色)」に転換する。生きる意味がない、ということを経験して、そもそも世界の初めは無一物であったのだから、初めて本当に生きる、という生きることの元に還ることが起こる。

「絶対に私は私であり、私以外の何ものでもないというただ一人である」、その一人はつねに時間の中で無常に過ぎてゆく。虚無とは具体的には、私の外に何ものにも出会うことがない、という孤立のうちにあることである。しかも私が私自身に本当に出会っているかということも、懐疑される。

しかし虚無であることで、わたしたちは逆にもののリアリティーに出会う。死を前にして初めて一輪の花の美しさに気づき、心動かされる、ということは誰しも経験することである。

虚しい心を抱いて、孤独に道行くとき、道端の雑草の一本一本が「いのち、いのち」と語りかけていることに気づき、一歩一歩が生に震えることがある。


多忙で虚無などに出会う暇はない、自分はそれほど閑人ではないとか、或いは自分の知性は虚無など認めないとか、言うならば、彼は、虚無に出会わないという仕方で虚無に出会っているのである。彼が虚無に出会わないというそのこと自身のうちに、虚無が現前している。……彼の意識や彼の知性が虚無に出会わなくとも、彼の存在が出会っている。即ち彼の多忙な、或は「知性的」な、あり方自身のうちに虚無が現れている。彼が虚無に出会わないということは、一層深く虚無のうちにあることに外ならない。虚無とはそういうものである（五〇―五一）。

生に没頭しているとき、私たちは死をとくに意識しない。生の進行が死を招いていることに愕然と気づき（たとえば癌のばあい）、死を自覚する、ということがふつうである。しかしじつは、幸せなとき、かえってこの幸福を失ったらどう生きればよいだろうかという恐れを、深めていることがある。生を思えば思うほど、死が想起される。生が成り立つ根本には、死があるからである。たとえば新陳代謝という出来事は、死が生を可能にしている、ということである。意識の上では死という虚無を忘れていても、身体はつねに死のうえでの生であるのだから、身体は死に出会っている、身体という「存在が出会っている」のである。虚無に気づいていないという虚無の生こそ、虚無というものの本質を示している。意識の底に隠れることで、いっそう虚無は深まる。

虚無のあり方について、「虚無とはそういうものである」という西谷の言い方は、虚無に対する深い洞察を感じさせる。

〈著書『宗教とは何か』は、「宗教はなぜ必要か」という問いから始まる。そのように問う人は、宗教を必要としていないからであるが、そういう人こそ宗教が必要である、ということをじつは表明していることが語られる。「我々が何のためにあるか」という存在の意味への問いが、「宗教とは何か」という問いの生まれるところである。その問いを通り過ぎている人こそ、その人の人生にとって、その問いが必要なのである。意識が無意識から起こる問いを無視していても、つねに無意識からの影響を受けて、心が平安を得ないように、この問いに気づかないときには、心はいつも動揺してやまない。

西田幾多郎は、「何故に宗教が必要であるか」という問いは、「何故に生きる必要があるか」という問いと同一であると語っている。「宗教的要求は自己に対する要求である、自己の生命についての要求である」という言葉が、『善の研究』（西田最初の著作）の「第四編　宗教」の第一行目の言葉である。西谷はそれを受けて、「宗教的要求のみが宗教の何であるかを理解する鍵であり、それ以外には宗教を理解する道はない」と、まるで西田を思っているかのごとくに語る。

西田の宗教論「場所的論理と宗教的世界観」（西田最後の論文）では、「宗教心というのは……我々の自己自身の存在が問われる時、自己自身が問題となる時、はじめて意識せられるのである」と言われる。さらに「宗教の問題は、価値の問題ではない。我々が、我々の自己の根柢に、深き自己矛盾を意識した時、我々が自己の自己矛盾的存在たることを自覚した時、我々の自己の存在そのものが問題となる」と述べる。人生を生きる自己の、自己矛盾を、「人生の悲哀」とも西田は言う。西田は、「哲学の問題というものも実は此処(ここ)から起るのである」と付け加えている。〉

「宗教的要求のみが宗教の何であるかを理解する鍵であり、それ以外には宗教を理解する道はない」と西谷は語っているが、その強い言い方は、とても胸に響くものがある。私たちの生を支えている「場」である「自己」の存在そのものが問題となり、「自己」自身を問わざるを得なくなったことが、「宗教的要求」の起こるところである。自己存在の意味を問うことが、「宗教的」と言われるのである。自己を問うことは、自己はすでに存在しているものだから、自己の生まれて来たところ、あるいは根拠、つまり自己を超えた者への問いとなるからである。「宗教的要求」とは、この世の労苦を忘れて、「天国」や「極楽」の住人となることを望むものではない。そういう気分になれることでもない。

その問いは、他のあらゆる問いと異なる。およそ何かを問うということ自身が、問題となっているからである。自己自身の存在の意味を問う、ということは、「生きるべきか死ぬべきか」という人生の危機に立ったとき、生きるということ自身が問いになっているという事柄である。「人生の悲哀」が、このような問いとして自己を襲う。自己の人生を支えているものがすべて意味を失うとき、そもそもの自己の存在そのものの意味が問いとなる。

私たちの生は、肉体という物質なしにありえない。生がたんなる物質という意味をもたないもの、つまり死から立ち上がっているのであれば、無意味という虚無は、あらゆるものの足もとに広がっていることになる。そのことに気づかないでも、意識しないでも、「ある（在る、生(あ)る）」ということ、「存在する」ということが、そのような虚無の上でなりたっているなら、元から「ある」ということは虚無と出会っているのである。それはあまりにあたりまえのことであるゆえに、無意識が意識の影に隠れるように、忘れて済ませられるように見えるのである。だからほんとうは、忘れて済んでいない。「忘れているがごとく」という在り方は、虚無の根深さ、底知れなさを示していて、日常的生の底無しの深みを思わせる。虚無とは、「そういうものなのである」。「そういうものである虚無」は、しかし底無しの虚無という面の露呈ともなる。

アウグスティヌスは「天地間のあらゆるものは自分達が神から造られたと語っている」と言っている。この言葉をただ思想として受取れば、それは神の遍在に就いての観想を言い現したに止まる。併しもしも万物が自分にリアルに語りかけており、自分がそれをリアルに聞いているということなら、それは我々の実存の問題となるであろう。……万有が自分らは神から造られてあると語っているとは、同時にまた自分らは神ではないと語っていることでもある。その限り我々は世界の何処にも神には出会わない。その代わりに我々は世界の何処ででも、あらゆるものの根柢に、「無から創造された」というその虚無に出会う。……世界の何処を向いても神に出会わないという、まさしくそのことに於て、世界の何処を向いても神に出会うということである（四三—四四）。

『告白』という著作で有名なアウグスティヌスは、西田幾多郎がもっとも多くその名をあげる人物の一人である。西田は「時間とは何か」という問題について、アウグスティヌスを思索の対談相手とし続けた。「自分自身が、自分にとって大きな謎となってしまいました」と語り、「それこそがまさに私の病なのです」と述べるアウグスティヌスに、宗教という問題についての根本的な共鳴を西田は感じていたであろう。

神に向かって「あなた」と呼びかけつつ、アウグスティヌスは、次のように語りかける。「まさに時間そのものを、あなたはお造りになったのですから、時間をお造りになる前に、時間が過ぎ去るなどということはありようはずがありません。……あなたは時間に先だちますが、時間において時間に先だつのではありません。……あなたがすべての過ぎ去った時間に先だつのは、常に現在である永遠の高さによるのです。それによってあなたはすべての来たるべき時間を追いこしておられます」（山田晶訳『告白』、『世界の名著14』中央公論社、一九六八年）。

神によって時間が創造されたのだが、その時間の創造自体は、「時間において時間に先だつのでは」ない。時間の創造という初めは、創造された、私たちがその中で生きていると思われている時間の中にはない。時の初めは、始まり終わる時間の中にない。過去という時間は、もう過ぎ去って存在せず、未来という時間も未だ来たらず、である。だから過去も未来も「現在」のうちに認められざるをえない。しかしその現在も、一瞬一瞬のうちに過ぎ去る。だから過去・現在・未来の成り立つ時は、どこに存在の場を持つのか、ということが問題となる。その場を示す「常に現在である永遠の高さ」という言葉は、西田に啓示的に響いたであろう。時間の中にない「時の初め」が、「現在」としてあらゆる時間を生みだしている。

過去も未来も包んでいる現在について、「アウグスチヌスの云う如き過現未を含む現在が事実を限定する認識の形式でなければならぬ」、と西田は述べる。時の有り方から認識の形式を読み取ることができる。西田は知るということ、したがってさらに、知（理法）が存在の基礎であり、知るとは存在するということの解明でもあるのだから、存在するということの有り方を、アウグスティヌスを受けて解いて見せる。「知る」ということ、「ある」ということの底を西田はさらに徹底的に深めて、「単に映す鏡」という表現を使って、「（映すことで知る）鏡そのものが直に自己を見るものであり、自己自身を見るものが鏡そのものであるというのが絶対無の自覚である」というところまで踏みこまれてゆく。鏡ということについてはまたのちにふれるが、ここでは、アウグスティヌスに見られる時間の問題が、西田哲学の「絶対無」への一つの掘削道となることを、指摘しておきたい。

〈小林秀雄は、「僕らの人生は過ぎて行く。だが、何に対して過ぎて行くと言うのか。過ぎて行く者に、過ぎて行く物が見えようか。生は、果して生を知るであろうか」（「モオツァルト」）と、言っている。たとえば動かない岸辺に立つことで、川が流れている、ということが分る。だから動かないものは、どこにあって、それが何か、という問いが「流れる」という事実のあり方のうちで問われねばならない。人生が無常に過ぎていくとしたら、いったい何にたいして人生は過ぎてゆくのかという問いが、過ぎるということにおいて、問いとして潜んでいる。

過ぎてゆくという無常の底に、「現在」が「永遠性」を帯びる時がなければ、時間が過ぎるということはない。禅語に「橋上より過ぎれば、橋は流れて水は流れず」という語がある。動かない橋の上から見れば、川は流れていると見える。しかし「橋上より過ぎれば」ということだから、橋の上を自らも歩んでいるのである。流れる水と過ぎ行く自己の無常とが一つに感じられた時、動かない橋の方が動く。車窓から見れば、景色の方が動くと見えるのに、それは似ている。

食事をしたり仕事をしたりする「自分の時間」を、私たちはもっているつもりでいる。しかし事実的には、時間の中に私たちがいるのである。動いているのは時間ではなく、私たち自身なのである。過ぎて行かないもののうえで、私たちは無常を生きている、と言えるであろう。

しかし過ぎてゆくものが過ぎてゆかないという在り方を得なければ、ほんとうに何にも代えがたい、過ぎいかない「独自な私」が生きたとは言えない。過ぎてゆかないものが、過ぎてゆくことにおいて自己を実現するのでなければ、そのようなことは可能ではない。過ぎてゆくことにおいて過ぎてゆかない、過ぎてゆかないことにおいて過ぎてゆく。このような、矛盾が矛盾のままで矛盾とならない在り方を、西田は「絶対無」という言葉にこめている。それは自己の、したがって人生の「矛盾」であるから、「悲哀」の相貌をして現れる。〉

西田によるアウグスティヌスの受けとめを、西谷は「実存の問題」という仕方で、「虚無との出会い」の事柄として語る。

「実存」という用語は、西谷がシェリングの『人間的自由の本質』（ドイツ語が原文）を訳すさい、存在（Sein）、現存在（Dasein）、実在（Realität）、という訳語を使用したため〝Existenz〟に「実存」という訳語をあてたことから生まれた。西谷の造語である（ほぼ同時期に、九鬼周造がやはり「実存」という術語を使用し始める）。したがって「実存主義」というような使い方での「実存」のみではなく、主義というようなものを超えた、自己の根元をふまえた本質的な意味での存在するという存り方において、基本的には西谷は「実存」という言葉を使っている。

〈〝Existenz〟とは、ラテン語の〝existere〟が語源で、内から〝ex-〟（外へ）と〝sistere〟（置く、立つ、在る）という意味で、「存在」の意味で使われていたが、シェリングにおいて独自な在り方をも意味した。〉

「天地間のあらゆるものは自分たちが神から造られたと語っている」ということを、リアルにものの語りかけとして聞き取ることができる、というところに立つことが、西谷の「リアルな実存」という有り方の基本にある。「ものがつくられたと語っている」というものの声は、芭蕉が「松のことは松に習え、竹のことは竹に習え」と言った「松や竹の語りかける言葉」に通じる。

キリスト教では、神は存在するすべてのものを造られた創造者と考えられている。無から存在するもの、命あるものを、神は造られた。死にあるものから生を創造した。万物はそれ自身において死である虚無から存在するものへと造られたのだから、ものはそもそも、もともと、塵の如く、虚無なのである。だから「あらゆるものの根柢に虚無に出会」わざるをえないのだが、しかし世界のどこを向いても虚無に出会うということは、「まさしくそのことに於て、世界のどこを向いても神に出会うということ」を意味する。虚無であるものが存在しているということは、神によって存在しているということだからである。

まさに虚無そのものであるということにおいて、実存者の耳でものの声を聴くことで、神に出会うということも起こる。（聴覚は時間を聞く機能である、とも言える。）ここに大きな転回が生じることになるが、ニーチェ以降をふまえて、より深い事態を西谷は見出している。「神が死んだ」としても、なお無常を超越することはありうるのか、という問題である。あるいは「神」という絶対者の絶対性とはいかなることか、という問いである。いずれにしても、どこを見ても虚無としか出会わない、という経験が、ほんとうに人生を生きる出発点となる。

〈大きな歴史的流れからいえば、アウグスティヌスからヨーロッパの中世が始まる。そのキリスト教思想の一つの中心は、「人格」概念の確立である。「人格」という語は、英語の〝personality/person〟の訳語である。〝person〟は、ラテン語の「仮面」を意味する〝persona〟に由来すると考えられる。

聖書では神は、「父なる神・イエスキリストである子なる神・聖霊なる神」という在り方を示す。しかし神の実体は唯一なるものであるので、「父、子、聖霊」という「位格（persona）」を有すると解釈された。この「三位一体」という思想は、アウグスティヌスの著作『三位一体論』によって、西ヨーロッパの正統神学の形成に決定的な影響をもたらした。神の「位格」を示す語が、「人格」という考え方を表す語になるが、アウグスティヌスにおいて、神の三位一体の問題は、人間の存在のあり方の問題となってゆくからであろう。

「何人も、全く知らぬものを愛することはできない」、という『三位一体論』の言葉は、三位一体の問題を導く基本原理を示す。西田の『善の研究』の最後の節は、「知と愛」と題せられてアウグスティヌスのこの言葉が引用される。「存在（父なる神）」、「言葉・ロゴス・知（子なる神）」、「愛（聖霊）」が一体となって、内的直覚である「自覚」が成立していると西田は考えている。愛は知によって開かれ、知は愛によって導かれる。端的に言えば「知即愛」となる。大乗仏教での「大智（知）即大悲（愛）」と似た構造を、これは示しているとも見られる。ただしキリスト教のばあい、愛の根柢は神の意志である点、似て非なるものという側面もある。ただ神の意志を、「願」と考えられれば、通じるという考え方もできる。

いずれにせよ三位一体論が人間存在のあり方に通じるという側面を、西田は真正面から受け取っている。中世キリスト教によって「人格」概念が成立した、と西田は指摘している。しかしその人格概念はなお不十分で、「個物」としての「個人」ないし「主体性」成立の最後の一歩の問題に到達していない、と述べる。この問題を軸に、西谷は、アウグスティヌスから西田へ、西田から西谷へと受け止めていったと見てよい。

ところで古代の「個人」は、全体の一部であった。国にしろ、民族にしろ、そういう全体の一部が「個人」であった。祈りは、国において、民族において、捧げられた。ところが古代から中世へと、ギリシャ的公的世界の在り方が崩壊することで、個人が孤立し、内面的世界を有するようになった。“private”という英語は、ラテン語の“privare”（「奪う」という意味）に由来する。古代ギリシャでは公的（“publick”、ラテン語“publicus”が語源、「人々のもの、国のもの」の意味）に開かれた世界に生きることが、市民の権利において生きる社会であった。そこから引き離されること、つまり“private”（ラテン語動詞“privo”「引き離す」から派生した“privatus”に由来、「公的なものから分けられ引き離された」という意味）に生きることは、公的権利を奪われた否定的な事柄であった。しかしギリシャ的世界の崩壊によって、人々は個々に生きる「私的」なものたらざるをえなくなる。古代ギリシャから中世への間には、公が崩壊して個が何によって支えられるのか、いかに自己を維持しえるのだろうか、という心の危機の訪れがあった。

そのような危機的状況の中で、アウグスティヌスは「ひとり」の自己の内面から、唯一神という「一」という在り方をする神へと語りかける、つまり神との人格的関係において「告白」するのである。あるいはそういう危機的状況において、「告白」ということが成り立ち得たのである。
人格概念と個人の内面世界の確立によって、中世キリスト教世界が始まる。近代において、多様性の時代となり、もはや公共性が根源的地盤を見出せなくなり、ますます自閉的になった個人の内面世界がいかに開かれるかという課題の前に、西谷は立ち続けた。〉

多と差別、即ちすべての「もの」がそれぞれに他に替え難い、絶対に独自なものとして有るということは、「有」の体系の根柢に虚無の場が開かれることによって、初めて本当に現れて来るのである。それぞれは、帰一すべき所を失い、依り所を奪われた時に初めて、本当にそれぞれ自身へ突き返されると言うことが出来る。……すべてのものの独自な存在が現れ、世界に於ける多と差別が現れるという時、すべてのものは互いに深淵をもって隔離されつつ現れる。そこでは、一つ一つが絶対的にそれ自身のうちへ閉鎖された、孤立的、独一的なものとして有る。そういう絶対的な自己―内―閉鎖性が虚無的ということである。……如何なる繋がりや統一も破られ、「もの」の自己―内―閉鎖性は絶対的である。すべて有るものは互いに限りなく散りゆき、またそれぞれの「有」も、何処から来て何処へ去るか分からぬ切線上にあって、限りなく散りゆく。その存在は、底なき虚無のうちへ消え行くかのような存在であり、それの存在可能が絶えず存在不可能へ没し行くような存在である（一六二―一六四）。

個々人が「他に換え難い、絶対に独自なもの」となることは、本質的に「虚無の場が開かれる」ことによる。すなわち、それ自身であるということは、自己以外に自己が自己であるという根拠をもたないということである。そのことは裏から言えば、自己以外に「帰一すべき所を失い」、したがって他の「依り所を奪われた」ということである。そのような虚無の中で、「初めて、本当にそれぞれ自身へ突き返される」。自己が自己であるということの底が、自己以外のどこにも見出せないという「孤立」だけしかない、そういう虚しい虚無的世界が顕れる（ただ「それ自身へ突き返される」という突き放した言い方の裏には、「大死一番乾坤新なり」という事態が見られているであろう）。

多様性の社会、個々人がそれぞれ他と異なる個性をもっていることが認められる社会、そういう社会こそ理想的な社会だと現在考えられている。しかし多様性を支える基盤のないところでは、多様性は孤絶社会を作り出すことになる。

「世界に於ける多と差別が現れるというとき、すべてのものは互いに深淵をもって隔離され」、「そこでは、一つ一つが絶対的にそれ自身のうちへ閉鎖された、孤立的、独一的なものとして」生きざる得ない。しかし「そういう絶対的な自己―内―閉鎖性が虚無的ということである」と、西谷は語る。独一とは、他と共に在るというあり方を排除した孤立と等しいからである。そこには、はてしない「虚しさ」という虚無の上に、独一な自己が浮かび上がる。他の中に自己を見出せるという親和性のないところでは、自己も事物も「すべて有るものは限りなく散りゆく」、つまり孤立して消えてゆくことになる。明日生きようとする希望も、けっきょくは死の淵に沈むこと以外にないのなら、希望は絶望の見る夢でしかない。「存在可能が絶えず存在不可能へ没し」、「底なき虚無のうちへ消えゆく」ほかない。

そのように事態を見通せば、意識による自己閉鎖性に、虚無が投影されていることに気づかざるをえない。あるいは逆に虚無の影を免れようとする、「自我」の生みだした葛藤が、独一な個人が抱く虚しい情熱であることが、浮かび上がる。

死は当たり前のことだから、死ぬことを跳躍版にして、充実した生を生きようとすればよい、としばしば考えられている。ところが「〈死は当たり前という〉その無を立てる自己は、それを立てるということに於て、無に繫がれ無に執している。それは自執の否定の如くでありながら、じつは冪を高められた、隠れた自執である」と、西谷は見抜いている。個人の生はけっきょく虚無のなかへ消えゆくのみであれば、今を楽しめばよいというように生きることは、問題をしばし先送りして、問題を回避して、享楽に生きることをよしとする人生にしかならない。その人生には、虚無が「自執」という覆面をして現れている。虚無的生を受け入れてなお虚無に生きるという、一見虚無を超えたように生きる生き方は、自己の生をどこまでも生かそうとする、生への執着、自我の根から生じる。
　個々のものが自己だけの内に閉じ、そのような個ばかりが並立する。個と個の間が深淵によって切断され、孤立のみが現実となる。孤立して他者と出会うことのない、そのような人生こそ、虚しい。この虚しさは、突破されうるのか。

　英語には「実現する」と「わかる」という両方の意味をもった realise という語があるが、我々が実在を覚知し得るのは、実在自身が我々に於て自らを実現するということであり、実在が我々に於て自らを実現するという仕方でのみ、我々は実在を体認し得る……実在の体認（realisation）としての我々の存在の実在性は、実在の自己実現として実在そのものに属している。換言すれば実在の自己実現は、我々の存在を真に実在的ならしめるという仕方でのみ起こりうるのである（八―九）。

「実在自身が我々に於て自らを実現する」ことにおいてのみ、「実在を覚知し得る」から、realise が、「実現する」と「わかる」という両方の意味をもつ、と述べられる。ものについても自己についても、その「実在」が分かる、ということがどうして可能なのかについて、平易でありながらある閃きに似た理解をもたらす指摘である。「実在の自己実現」は「実在そのもの」に属していながら、その自己実現は実在の「体認」という仕方でのみ起こる。しかも「体認する」ということにおいて、「我々の存在の実在性」も成り立つ。物を知るには物に成り切らなければならない、とよく言われる。「物と成って物を知る」と、「体認」のことを言いかえてもよいであろう。自己も物と成ることで、自己の実在性も確立する。

このように“realisation”を捉える見方は、「主体と対象」の対立という問題を根本的に超える立場を示している。そのことを指摘するにあたって、なおその前に、意識に根を張る「自我」の「自執」という問題をも、見ておかねばならないであろう。

〈さきに意識による自縄自縛ということについてふれた。その縛りが破られるところにおいて、リアルにものにふれられるが、自意識の裏にある自我性は根深く、もののリアルにふれることの裏には虚無が、意識においてはものよりいっそうリアルに、隠れた「自執」の仮面となって現われる。

リアルにものにふれているという「意識」の明るさが、意識されるところには、「自意識―意識」を構造として持つ意識の、自意識的主体の働きがなければならない。見たり聞いたりの意識は、感知によって生を自己維持することに方向づけられている。それは、生が生を維持発展させる生の自己執着の意欲とも見える。生が生を欲する、その意欲は、生の自己執着、自執ともいえる。しかしそこに生が個として存在する自己性の主体的初めがある。意識や主体性には、自執という暗さがつきまとうが、そのような自我性が破られるのも、自我の外ではなく内の暗さの底を突き抜けることによる。

自我的自意識の底に、自執の仮面が脱ぎ捨てられることは、自執という主体性の虚無性が顕かになることである。自我というあり方の虚無性が開かれた明るさは、「実在自身が我々に於て自らを実現する」という転換面となる。どこまでも暗い自己の意識の底におりてゆくことが、実在自身の自己実現という転換と一つの事柄であるから、そこで実在の現成と自己の成立とが一つとなった真の主体性も成立する。

「主体性も、デカルト的自我の立場を破ったところに初めて根源的な主体性として現れ得る」、と西谷は述べていた。実在の自己実現が、虚無である自己の転換的自己実現において起こるという不思議が、「自己」の成立の秘密である。奈落の底の虚無を通して、にもかかわらずその底なしのままで、転換が起こるのは、「我々の存在の実在性は、実在の自己実現として実在そのものに属している」からである。しかしまた逆に、「実在の自己実現は、我々の存在を真に実在的ならしめるという仕方でのみ起こりうるのである」から、物の側と自己の側とが交差するところで、「一つの根源的な主体的自覚」の出来事が成立する。

意識が壁となって、ものにリアルのふれることが果たされない。だから意識の外に出ればよい、と考えられるかもしれないが、意識の場はものとふれるところである。その外に出て、ものにふれても、ふれるという自覚はもちえない。そこでは「生きる」というリアル感もないであろう。

〝real（リアル）〟は、実際の、現実的な、本当のなどの意味で使われる。真の、本物の、という意味合いももつ。「現実的な」という意味で、〝actuality（行為、行動を意味するラテン語 actio に由来）〟という語もある。アクチュアリテイは、〝fact（事実）〟という言葉の意味がもと「行為」とかかわっていて、ドイツ語の「事実」を意味する〝Tatsache（直訳すれば、行為の事柄）〟という新語が近世に造語されたように、「行為的に出で来た事柄」として「事実」が成り立っているという理解がこの語の背景にあるであろう。物的なリアルさが、行為的なアクチュアリテイと二重写しになって、「現実」という「事実」が考えられていることを、このことは示している。少しわかりにくい言い方になったが、リアルとかリアリティということで、ここで見ようとしていることは、きわめてかんたんな言い方をすれば、生命は物質を糧としてリアルに存在し得ている、あるいは「物が生きる」ということである。〉

無機物である物質が、体内で命を生む。物質という死の側にある物と生は結びつき、死（物質）は生命に変身（メタモルフォーゼ、metamorphose、ギリシャ語のmeta-と形の意味のmorphēから構成されていて、形を超越する、というのが原義）する。メタモルフォーゼは、英語の「トランスフォーム（transform）」と語義的には共通するが、さなぎから成虫に変身することをmetamorphoseというように、まったく異なる形姿を現して来る意味で使われる。まさに生は死のメタモルフォーゼという「タートザッヘ（Tatsache、ドイツ語で「事実」の意味）」であるということにおいて、リアルな生死が成立している。

英語の"realise"が、客観である物の成立、と、主観の側の働きである「わかる」という意味の、「両方の意味」をもっているのも、リアルであるという事柄が、物と心、主と客の相互作用として成り立っているからであろう。物であったものが命を現わす初めは、たとえば光を感知することであろう。光を感覚する。その感覚は知覚としてはたらき、たとえば植物なら芽を光の方向に伸ばしてゆく。感覚はすでに、「（感覚）知」である。

生命は単細胞体から始まったが、細胞膜によって内と外を分ける、つまり内なる「個」として「自己」をもつということが生命体の基本である。個としての自己の「目覚め」は、感覚するということから始まる。他と異なる個の成立が主体性の形成を意味するなら、主体性は「知（感覚は原初的な知である）」の生起と不可分である。ただ存在するというのではなく、生が生じるところでは、個の目覚め（覚知）があり、そのことによる個の成立がある。生のリアルが「体認」として成り立つ理由が、ここにある。

自己が「生きている」という「事実」は、自己（内）の事実（外）であるゆえに、事実がたんに主観的に自覚されるのでなく、また外界の影響に動かされただけのことではなく、自己の側と事実の側とが一つになるところにある。「体認」はだから、リアルな物の「表現」とも考えられなければならない。私たちが生きているという事実、すなわち「我々の存在の実在性」は、「実在の体認（realisation）」という仕方で実現されるのである。

体認は、「実在自身が我々に於て自らを実現する」こと、したがって「実在の自己実現として実在そのものに属している」ことになる。先にも述べたように、その「実在の自己実現」はしかし、「我々の存在を真に実在的ならしめるという仕方でのみ起こりうる」のである。つまり実在の自己実現は、実在の側に属していながら、それは、私たちの存在が体認という仕方で私たちの自己性を実現するということとは別ではない。

〈リアル（real）はラテン語の「もの」を意味する"res"に由来する。まず「物」があって、物の光によって物の表象が私たちの内側に成立する、という素朴な考え方が現代でも常識的であろう。しかし近世以降、まず主観があって、主観にたいして客観（物）が成立すると考えられるようになる。だから客観は「対象」と理解される。対象物は、主観にたいする対象として存在するものだからである。

主観（subject）は、「下に（sub）投げ出されてあるもの（ject）」、という意味がもとであった。「下に」ということは、従属している、という意味にもなるが、基礎にあるものという意味にもなる。もと"subject"は自然と考えられていたが、近世以降人間の方がサブジェクトとなる。自然ではなく人間が存在の基礎にある、という思想が近世・近代的思想の基本的枠組み（パラダイム）となった。

なお「主観」も「主体」も「主語」も、英語では"subject"である。認識や行為や文章もみな、人間がサブジェクトだからである。〉

悪に於ても信仰に於ても、我々自身がそれらの実在のリアリゼーションとなるという仕方で、リアリティのうちへ我々自身を打込む時、その我々をいわば蝶番としてリアリティ自身の転換が起こる、即ち我々がリアルに回心する（三五）。

体認が実在の表現であるとき、体認する自己の内において、実在と私たちは出会う。いわば外が内となる。しかしそれは外を内に取り込むことではなく、内が外に開かれることである。だから「リアリティのうちへ我々自身を打ち込む」こととなる。リアリティのうちへ我々自身を打ち込む「我」は、内が外へということと、外が内へということとのいわば「蝶番」、つまり回転軸となる。外にある実在の自己実現が、内なる自己の自己実現へ回転する、ということは、「リアリティ自身の転換」を意味する。その転換によって、自己の自己実現が、「回心」の出来事となる。

「回心」ということは、さしあたって宗教的実存への転換を指している。しかし「悪に於ても信仰に於ても」という言い方がなされている。つまり「悪に於ても」、リアルな回心のあり方が思われていることになる。したがって「悪」ということ、あるいは「罪悪と信仰」について、なおよく西谷の言葉を聞いてみなければならない。

「我々自身が実在のリアリゼーションとなる」ことによって、西田を想起していえば、「純粋経験」という「リアルな実在」の世界が経験される。それが、意識の自縄自縛（自己内閉鎖性）の突破の出来事である。しかしその突破に隠微に根を張る「自我」の陰は、西谷の視界のうちに見すえられている。「信仰」や「倫理・道徳」というものが、じつは自我の拡張であることになる場合を見抜いたドストエフスキーが、「偽悪家」を執拗に描いたことが思い出される。しかしそういう自我に出会うということは、またもっともリアルに、ごまかしなく、自己の根に逢い、その根において他者に逢う出来事でもある。おそらくそういう遭逢（そうほう）を蝶番にしなければ、自己に直面することはできない。

第二節　「底無しに」ということ

(一)　存在の「もと」——事実の如実な実在と空の場

すべてが「虚無」である、と思うとき、なお「虚無」を外に見ているところが残る。自己自身が虚無の当体であると自覚されていても、その自己はやはり自己の当体の外なのである。自己自身とは、いかにしても「外」にならないもの、客観化や対象化なしえない、ということを本質としているからである。表象されない「もの自身」のところに、「そのものが」そのものとして、「如実」にある、ということが真相である。「空」とはそのような「如実」が、開かれる「処」を意味している。

意識が破られて存在へ、という図式ではなく、意識が存在の場所であることには変りないが、「意識」が「空の場」と転換されるのである。意識の上の存在の底が割れることで、同じ存在が相貌を変えてくるのである。存在の相の転換という観点からみれば、「空」が「場所」という有り方をしていることがよく見える。

そのような存在の転換は、「自己」の有り方、あるいは自己自身の事柄である。自己を通り抜けないで、自己の元に立ち続けるところに、西谷の哲学の見どころがある。「自己」とは、「空の場」のことであるから、そこでこそ世界と世界に有る存在が開かれるのである。そこをはずすと、真のリアルから逸れ続ける。

「空」が「場所」と見られ、「自己」もその「場所性」に本源がある。場所の哲学が、空の哲学になる要に、「自己」も「場所的」であることが、徹底して見られている。

すべて有るものが自らのうちへ自らを集めている集中、即ちそれの「有」は、深淵のうちに懸けられたものの如くになり、底なきところへ向かって消えゆくものになる。散じゆき解体しゆくものの相が、すべてのものの根柢から浮かび出てくる。……しかしながら虚無にはなお、存在の根柢に横たわるものとして、存在のそとに、したがってまた存在の側から、見られたものというところが残っている。……そこに、虚無が更に「空」へ転換せしめらるべき必然性がある。というのは、空とは有のそとに、有とは別の「もの」として表象された空ではない。……かかる表象された空をも空じた絶対空である。従ってまた、それはもともと有と一つである。有ももともと空と一つである。……「もの」自身のもとにある「もの」それ自体、あるがままの、如実な「もの」そのものが、空と一つなのである。「もの」が成り立っているところに空の場も開けている。……すべて有るものが空の場に於て、それぞれの自体的な有り方のうちに現成するということは、虚無のうちで散乱と解体の相を現したすべてのものが、再び「有」へ回復されるということである。すべての有るものが再び、自らのうちへ自らを集める集中の力へ、存在の可能性へ、戻されるということである。……松は松の徳へ、竹は竹の徳へ、人間は人間自身の徳へ戻される。空は、そういう意味に於て、虚無が「無化」（Nichtung）の場であるのに対して、「有化」（Ichtung）の場とも言えるのであろう（一三九―一四〇）。

ある物が存在しているということには、さまざまな物との繋がりや、不思議な縁が関係している。まずある物があって、そこからさまざまな世界関連が成立していくということではなくて、世界連関の上で有るものがあって、その個々の事物の相互関係が世界を形造って行く。

かんたんな例で示せば、まず「親」がいて「子」が生まれる。しかも子は親から独立した、自立した、自由な存在である。そのような関係のうえで、「子」から見れば、親子関係、また「子」の人間関係から世界連関が広がる。過去から現在へ、さらに未来へという「歴史」もそこに見られる。「子」という「有るもの」を世界連関の焦点に見れば、「すべて有るものが自らのうちへ自らを集めている集中」がある。その「集中」が、「すなわちそれの「有」」となっている。その有は、それがそれとして「個」の焦点をもった固有の存在者となっていなければ、「私が存在する」ことにならない。

　自己に世界存在を集中させる、という在り方は、一見すると他を自己の内に奪い取り、そのことで他の異質性を排除して、「自閉」することでもある。すでに述べたように、自己のみであるということは、虚無（自己ひとり、他に依存し得ないこと）がその底に開かれることであった。だから「それの「有」は、深淵のうちに懸けられたものの如くになり、底なきところへ向かって消えゆくものになる」のだが、「底なき深淵に消えゆく」ということは、消え続けるということである。「底」があれば、消えゆくものはそこで消えることをやめる。「底無き」とは、「底」という「場」が無いという事態を内に秘めていることである。底無きにもかかわらず、なお底が壁になるのは、あるいは虚無でありながら、無そのものになぜ底が残るのか、といえば、なおここでの虚無が「存在」に対する「虚無」という痕跡を残すからである。虚無がたんに否定に止まるところには、表象という働きに捕らわれた跡が、虚無の輪郭線を残す。

「肯定」に対する「否定」である限り、その否定は裏に肯定の影を負う。だから西田幾多郎は、対立する両者をともに否定することを、「絶対無」と言うことになる。「有」に対する「無」ではなく、有無を超えた「絶対無」と述べるのである。有に非ず、無に非ず、この「非」という否定性（無の働き）が、相反する有と無を関係づける（両者が完全に相反しているのであれば、両者は無関係であって、矛盾するという関係はもちえない）。それで、「非（あらず）」という「無い」の働きそれ自身を指すものとして「絶対無」と言われる。ただなお「絶対無」と言うと、「無」をも「もの」として表象する根絶しがたい意識の影が射す。おそらくこの事態を受けて西谷は、有無という言葉を抜け出た「空」という言葉を使い、「表象された空（すなわち虚無）をも空じた（有無を透過した有無以前である）絶対空」と言いかえている。表象性という意識の働きを、たんに否定するのではなく（そこではなお否定という対立の意識性を残す）、空じる。そこに、（自己）意識や、（自己存在を維持しようとする意欲でもある）自執という存在の影（汚れ）の透明化（洗浄）が起こり、「「もの」自身のもとにある「もの」それ自体、あるがままの、如実な「もの」そのもの」が回復される。しかしそれは、いかにしてか。それは、「自己」が、転換の「場」となることによる。

「自己が疑うという意識作用の極に、「自己が」という分別を破るものが自己の根柢から現れる」（このことが「大疑」と言われる）、「それはあくまで自己の窮まるところ」だから「同時に「自己」のなくなるところ、「滅する」ところ」となる。「その時、自己は同時に自己の無である」、すなわち自己の存在が滅することで、自己が無となる。「そしてこの無が、「大疑」の上に転換が起こる時のいわば場所となる」、と西谷は述べている。

実在がリアルになることが、「我々自身が実在のリアリゼーションとなる」こと、逆にいえば、「我々のリアリゼーション」が「実在が実在として存在していること」である、ということについては、すでに述べてきた。実在が実在していることは実在自身の事柄でありながら、そのことが自己の自己実現において成就する。やはりすでに述べたが、存在するということは、「個」というあり方抜きにはあり得ないからであろう。だから虚無の転換の場は、「自己の無」の外にないのである。無が有になる「ところ」が、「自己」の存在なのだが、その自己は「場」というあり方をしている「自己」である。

〈西田幾多郎がまず自己の思索のすべてをかけてまとめた『善の研究』はしばしば、西田の主著、というような言い方がなされるが、「西田哲学」の主著ではない。明治の時代における、哲学的な真の実在探究の一つの総決算が、『善の研究』であった。

それほど大きな本でもない著作のうちでふれられている多くの人物や言葉は、明治の時代に人格形成の教養の基礎になったものを示している。それらは、洋の東西を問わない。その上で、ジェームスの「純粋経験」という当時の最新の考え方をふまえて、西洋哲学の咀嚼によって日本の伝統的な考え方を深めながら、人生の最後の問題である「神」をめぐる宗教にまで自己の哲学を届かせることで、人格形成の核心を語ろうとした記念碑的な著作が、『善の研究』であった、と言える。その考えの「奥底に潜むもの」を、独創的な哲学論理にまとめ上げようとした試みが、「西田哲学」と言われるものである。論理の問題はたんに論理の問題ではなくて、実在をどのように理解するかという根本問題があって、その理解によって「論理」の「形」、あるいは「有り方」は異なる。論理を遂行する合理性自体が異なる、ということはありえないが、実在の構造をどのように見るかによって、構造線を示す線のあり方は独自なものとなる（たとえば、形を実線によって描くことも、色の濃淡によって表現することもできる。物のありようがどのようなものであるかと見ていることによって、線の表出は異なる）。哲学内容とその論理を一つにした探究のあり方は、西田哲学の哲学としての根本性を端的に物語る。

『善の研究』の、「第一編、第一章、純粋経験」の冒頭の第一段落は、「経験するということは事実其儘に知るの意である」という文章から書き起こされる。西谷は、西田哲学はこの一行から始まり、この一行に収束する、と述べている。第一段落はさらに数行つづいて、「自己の意識状態を直下に経験した時、未だ主もなく客もない、知識とその対象とが全く合一している」として、「これが経験の最醇なる者である」と述べ、その段落の終わりに「真の純粋経験はなんらの意味もない、事実其儘の現在意識あるのみである」と述べられる。

『善の研究』についてふれておきたいことは、限りなくあるが、ここではこの叙述に関して、次の一点に絞って指摘しておきたい。すなわち「自己の意識状態を直下に経験」するとき、そこは「主もなく客もない」、「事実其儘の現在意識ある」のみである、という事柄である。

「自己」をその「意識状態」において見出す。この言葉だけを見るといかにも「主観的」「観念的」「抽象的」

と受け取られかねないが、たんに「意識」と言うのではなく、「意識状態」と言っていて、意識は意識という「現象」として考えられている。ハイデガーはギリシャ語の「現象（phainomenon）」の原義に立って、「現象」を「自己をそれ自身に即して示すもの」と考えている。西田はハイデガーをふまえているわけではないが、物のそれ自身の表われを「意識現象」と言っていて、たんに主観的意識をさしているわけではない。そもそも「意識」のとらえ方が、西田哲学的言い方をすれば、「主語的」ではなく、「述語的」なのである。

「自己」はその根源において、生そのものがそうであるように、主客未分な経験に基づいている。自己にある経験的意識は、「事実其儘の現在意識」であって、リアルな実在とはこの「現在意識」のこととなる。その現在を現在としている生きる力が、『善の研究』では、「宇宙の統一力」とみなされる。さらに「個人性」とは「一般性の発展したもの」、すなわち「一般的なる者が己自身を限定する」ところに「個」が成立すると述べられる。したがって存在するという宇宙の統一力の自己限定が「個的自己」であるから、自己の元は生の内に起こっている宇宙的統一力に定位されることになる。

根本的にはこのように考えられるとして、なお哲学的論考としてはさまざまに説明されるべき論議を残している。その論議の核心を、「自己」を「場所的」と捉えるところに、西田哲学は哲学として成立して行く。「自己意識」を「場所的」と考えたところに、西田の卓見があった。

『働くものから見るものへ』に収録されている論文「場所」では、次のように述べられている（論文「場所」は、一九二八年八月の定年前、一九二六年六月に発表された。この論文について留学中の務台理作に、「私の最終の立場に達した様な心持」がすると述べている。この立場の確立へ向かって、定年後の研究が大きく動く）。「すべての経験的知識には「私に意識せられる」ということが伴わねばならぬ、述語が経験的判断の述語面となるのである。普通には我という如きものも物と同じく、種々なる性質を有つ主語的統一と考えるが、我とは主語的統一ではなくして、述語的統一でなければならぬ、一つの点ではなくして一つの円でなければならぬ、物ではなく場所でなければならぬ。我が我を知ることができないのは述語が主語となることができないのである」(『場所・私と汝　西田幾多郎哲学論集Ⅰ』、岩波文庫、一九八七年、一四一頁)。

「すべての経験的知識には「私に意識せられる」ということが伴わねばならぬ」という言葉は、カントの「「私は考える」が私のあらゆる表象に伴うことができねばならない」(カント『純粋理性批判』B132)を念頭にして述べられたものである。表象という意識作用を成り立たせている原理を「私は考える」という働きをする「自己意識」に求めたカントにたいして、西田は「私という意識」が、主語として意識を統制しているのではなく、逆に「私という意識」の方が述語となる、すなわち主語を受け止め「包む」と考えた。

「知る」という働きの構造をどのように考えるか、ということが近世哲学の根本問題となった。認識の正しさが神によって原理的な保証を得られると考える中世にたいして、神を前提としないでいかに認識の正しさが保証できるかが、近世における哲学の根本問題となる。すなわち「認識論」が、中心問題となった。認識問題を軸にして、哲学が展開される。西田は、まさに近世哲学としてこの問題に解決を与えようとしたところから、「場所的意識」の考えが導き出された。認識のあり方が場所的に見直されるのは、そもそもの存在のあり方の場所性による。存在が場所的であるから、存在の論理も場所的となる。存在の論理構造は、意識が場所的、つまり述語的であることから、「述語的論理」と言われた。

デカルトのコギトからさらにカントの「自己意識(あらゆる表象に伴う「私が考える」、そのはたらきは意識統一の根拠となっている)」への展開を、西田は自己の立場(主語的論理に対する述語的論理)に立とうとしたものと解釈して、次のように述べる。「カントは主語的方向に超越的実在を否定したが、述語的方向に実在の根拠を求めたと考えることができる。カントの自覚的自己は、デカルトのそれの如く、それ自身によってある実体ではない」と評価しながら、「私が考えるということは、私のすべての表象に伴うという。我々の判断的知識は、その綜合統一によって成立するのである」とカントの理解を示して、その意味を西田的に解釈して、「主語となって述語とならない基体が、逆に述語的に主語的なるものを包み、すべての判断を自己限定として成立せしめる述語的主体となったということができる」（以上、『自覚について　西田幾多郎哲学論集Ⅲ』、「デカルト哲学について」、岩波文庫、一九八九年、二八六頁）。論文「場所」でも次のように述べられていて、デカルト、カント、西田へと哲学史を西田的に捉えている。「無は何処までも有を裏打している。述語は主語を包んでいる、その窮まる所に到って主語面は述語面の中に没入するのである、有は無の中に没し去るのである。この転回の所に範疇的直覚が成立する、カントの意識一般もかかる意味における無の場所である」（『西田幾多郎哲学論集Ⅰ』一二二頁）。

論文「場所」では、さらに「意識」を「場所」のあり方をしているものと述べ、ついに「西田哲学」がその軌道を走り始める。「以上の如く客観的なるものを主語となって述語とならないヒポケーメノン〈「基体」と訳される、ギリシャ語で hypokeimenon（下に横たわるもの）、ラテン語では substantia〉に求めるとともに、私はこれに反し主観的なるものを述語的方向に求めた、即ち述語となって主語とならないものを意識と考えた。私のいわゆる場所とはかかるものを意味するにほかならない、プラトン学派におけるイデアの場所という語に基いたものである」（同書、一七九頁）。

「主語となって述語とならない基体」を認めつつ、「すべての判断を自己限定として成立せしめる述語的主体」を「意識」という「場所」と考える。「述語となって主語とならない」ものが、「有」というあり方をしていては、「於いてある場所」となりえないゆえに、「有」に対して「無」と呼び、その無は「述語的（場所）」であるが「主体」でもあるので、「すべての判断を自己限定として成立せしめる」のである。判断の元（下）にあるこの「述語的主体」を、「自己の意識状態の直下にある経験」の成立している「私（自己）」と考えて、その自己は「述語が主語を包んだもの」、「点ではなく面」であって、その在り方が「場所的」と述べられる。
後に西田は、「自己が、自己に於いて、自己を知る」という定式を用いて、知るという働きを説明するようになる。「主語の自己」は、個別存在としての、内に閉じた独立した固有の自己存在、と考えられる。「自己に於いて」という「自己」は、意識的自己という場所的な自己、と理解すれば、個物が自己の居る場所に包まれて、自己が知られる、つまり開かれる、という仕方でものが知られる、という意味になるであろう。「包む」とは、内から包むとき、内を開く作用となる。「場所に於いて」という「於いて」とは、「場所に開かれて」という意味をもつ、と思われる。「於いてある場所」とは「開け」、「於いてあるもの」とは「自己内閉鎖が開かれたもの」、と「於いてある」という独自な言い回しを「開け」と読み取ることができるであろう。
なお「場所」を空間的な入れ物とイメージしてしまうが（spaceという英語の訳語が「空間」であったことに起因するのであろう）、もともと日本語では相撲の開催を「大阪場所」と言ったりするような使い方しかなく、「場所」は「場」に「所」を付した造語であろう。「所」は漢字では「される」という受動を意味する語で（「受動」は「所動」と表記されていた）、ある行いが為される場、という意味をもつ。そのように理解してよければ当初は、「意識の行為の場」を西田は「場所」と言った、と理解してよいであろう。したがってその場は、意識行為の主体である「自己」という「場所」ということになる。〉
西田哲学は、意識を、主語を述語が包む場所、と理解し、意識現象の場は「自己」であるゆえ、「自己」を場所的に考えたところから始まる。まず「自己」というものは、それ自身何ものにも代えがたい独自性に立つ。しかしそのことは、くりかえし述べたように、「深淵のうちに懸けられたものの如くになり、底なきところへ向かって消えゆく」虚無性を裏面にもっていた。独自な主語的自己を徹底することによって虚無が開くが、その自己の虚無が一転するのは、自己が同時に述語的働きをする「場所（意識）」であることによって、主語的自己（個々の存在者）を包んで、主語を述語（場所）の自己限定となすことによる。

「場所」の特性は、そのおいてある場所にあるものを「包む」、すなわち「述語する」ところにある。その述語するということは、主語を内から包むことと西田は考えた。後期の西田の表現を使えば、場所が場所自身を限定するところに個的存在者が成立する、主語が述語の自己限定であることが、内から包む、ということである。

たとえば「これは白い」という判断は、意識においてある「これ」を、「白い」と述語することであるが（「これ」という個物を「しろ」という普遍的性質によって捉えることが「包摂する」と表現される）、その判断が、外から主語を述語が包むのではなく、白という形なきもの（「白い」という性質は名詞のような存在ではない、名詞のような存在の形をもたない）が、白いものとして存在する、白いものという形を持つこと、白さが白いものとして自己の形を限定する、と西田は考え、述語する場所（意識の場）の自己限定として主語的存在（個々の存在者）を説明する。そのような自己限定の場が、「自己」の存在のあり方となる。

包む働きが外側からのものであるとき表象性を脱しえない。内側から包むことによって、表象性を通り抜けて、赤裸々に表象という蔽いをまとわない「もの」が立ち現われる。無という虚無に立つもの、「虚無のうちで散乱と解体の相を現したすべてのもの」が、「再び「有」へ回復される」のは、表象のバイアスを抜けて元の自然な存在性が取り返されるからである。「「もの」自身のもとにある「もの」それ自体、あるがままの、如実な「もの」そのもの」という存在の相（姿）が、取り戻される。西谷が、「再び「有」へ回復」する、と述べていることに注意したい。意識がたんに存在を蔽い隠すものではなく、存在の表現に転換すると考えられており、そこでは「意識」の捉え方が主観的なものから客観的なものへ転回されており、その転回の要諦が、「場所」の有り方にある。包む「場所」であるには、「場所」は「有」ではなく「無」でなければならない。「有」と「有」では、相入は不可能だからである。

物がいったん無となって、再び有となる、ということではなく、如実な実在であることに変わりはないのである。すなわちもともと虚無ではない。時間の初めが過ぎ去る時間の中に無いように、有無という対立以前、そこから存在と時間が生まれてくるところが、存在の元である。そのことを示すには、対立や矛盾以前を表現する「空（すなわちゼロ、ゼロは自然数ではなく数そのものの根源である）」という表現がふさわしいであろう。

「空はもともと有と一つである。有ももともと空と一つである」、すなわち空はすべての存在の充溢を内包するゼロ次元なのである。だから物は「空の場に於て、それぞれの自体的な有り方のうちに現成する」のだが、それは「空」を「場」とすることにおいて現成することなのである。言いかえれば、空のはたらき方が、場所的である、ということを意味する。ここに西田の「絶対無」や「場所」を、「空」によって表現する西谷による西田の解義の見どころがある。

その解義にはさらに、「根源的主体性」を根本テーマにした西谷にとって、自己という主体こそが、「空の場」と見届けられた、ということを意味する。「空」は、「虚無が「無化」（Nichtung、英語 nothing）の場であるのに対して、「「有化」（Ichtung）の場とも言える」と述べられるが、無に対して有を、「Ichtung（ドイツ語、Ich は英語の I のこと、～ung という語尾をつけることで名詞化することが可能、ただしこのドイツ語は西谷の造語と考えるべきであろう）」と言っているが、その語は「自己を場とすることで存在の如実が現象する」ということを意味するであろう。「自己」が「空の場」でなければ、そのようなことは言えない。

我々は通常のいわゆる「自己」から空の場へ転ずることによって、真に我々自身になる。……併し空が自己であるとは抑々（そもそも）如何なることであるか。空は世界可能の場、そして「もの」の存在可能の場であると言った。空が自己であるとは、自己がもともと、自己の「もと」に於て、そのような場として有るということである。……自己のその「もと」に、世界と「もの」が可能になる空の場が開かれているのである。それが可能になる場として、自己に於ける自己の「もの」は、世界と「もの」に先立ち、それの以前であるともいえる。……真に自己のもとにある自己自身は、世界と「もの」の本質的な以前である。自己は、世界と「もの」から出離したところに「もと」をもち、もともと、そういうところに立っているのである。……我々のその有が空と一つに有であるというその根源のところに於ては、世界も一切の「もの」も我々自身の「もと」から現成すると言えるのである。ところで我々が我々自身のそういう「もと」にあるということが、我々の真の自覚である（一七〇—一七二）。

「自己」がその元におけるもともとにおいて「空の場」、と言われる。「空」とは、世界とそこにおけるものが存在可能となる「場」であるから、自己が空の場であるということは、「世界も一切の「もの」も我々自身の「もと」から現成する」ことを意味する。すべてが自己の脚下から起こり、そこに還る。禅の標語とも言える「脚下照顧」は、そのような自己の有り方の自覚の表現であり、「歩歩起清風」はそのような自己の風光であろう。

しかし自己が空であるということは、「自己に於ける自己の「もと」は、世界と「もの」に先立ち、それの以前」であり、「世界と「もの」の本質的な以前」である、「世界と「もの」から出離したところ」である、ということを意味する。だからこそそこから一切が起こりうるのであるが、「自己」がそういう「以前」であるとはいかなることであって、そこから「世界が生起する」ということがなぜ起こるのか。たんに「空」ではなく、世界の起こる「空の場」というあり方をすることについては、なお考えてみなければならない問題がある。

「火は火でないゆえに、火である」、すなわち、火が自らを焼いては焼くという働きはなしえないゆえに、「焼かない」ことが「焼く」を可能にしている、と言える。「眼は眼を見ない」という言い方もある。「見」が「不見」を本質にしていて、「不見」に「見」のリアリティが如現している。ものが如実に存在することを、「空」と言えば、あらゆるものの真のリアリティのところが、「空」にもとづく、ということになる。そのことをふまえれば、自己は「自己ならずして自己である」ということになる。

(二) 火は火を焼かない――それ自身であるということ

水は水を洗わず、火は火を焼かずといわれるが、洗わぬ限り水は水でなく、焼かぬ限り火は火ではない。同時に併し、水が水を洗わないというのは、単に、水が実は水でないということではない。反対に水がリアルな水自身だということ、水の実相そのものである（八五）。

「眼は眼を見ない」という問題は、哲学においても問われてきた。ドイツ観念論の哲学者、フィヒテ、シェリングの言葉にも見られる。同様の問題であるが、認識の問題が、存在自体の問題への問いであることは、「水は水を洗わず、火は火を焼かず」という表現の方が、より問題の根源性の提示となる。

「水は水を洗わず」ということに、「水がリアルな水自身だということ、水の実相そのもの」がある、ということは、いったいどのような事柄であるか、ということは、「空」ということを理解するうえで決定的に重要である。

「空の立場」とは、「本来、絶対的此岸であるにもかかわらず、あるいはむしろそれゆえにこそ、絶対的彼岸でもあり得る」、と西谷は述べている。空の場において事物が如実にそのままの実在として存在しうるのは、つまり物それ自体であるという「絶対的此岸」が同時に「三六〇度の転回」において「絶対的彼岸」であることによる。「こっち（此岸）」と「あっち（彼岸）」とが、「此岸即彼岸」となる、絶対に「此岸」であるゆえに、「彼岸」である、ということはいかなることであろうか。それは「自己」ということを例にとれば分かりやすいであろう。たとえば「自己」はもっとも「自分」であるところ（此岸）であるが、それゆえ「自分が自分を見ることはできない」（彼岸）のである。なぜなら自分を対象化しえないからである。対象化しえない（彼岸）から「自己」（此岸）でありうる。

鏡に映したり、写真を撮ったりして、自分の姿を見ることができる、と考えられるが、その姿は対象化された自分の姿であり、生きた自分そのままではない。「生きる」ということ自身は、やはり対象化されない。「生命科学」も、生そのものの科学ではなく、「生命現象」という物として測れる生命の一面を研究しているだけである。しかしその対象化されないところに、自己や生の「本体」がある。そういう事態が、「水は水を洗わず、火は火を焼かず」と表現される。西田も、「我が我を知ることができないのは述語が主語となることができないのである」と言っている。このことを西谷は、「水は水を洗わない」という事態を手がかりに、「絶対無」という事柄の本質として、語ろうとしている。

> 火の自体性は非燃焼というところにある。勿論、その非燃焼は、燃焼と離れて別にあるというものではない。火は燃焼しつつあるそのことに於て非燃焼なのである。併しこの非燃焼（自らを焼かぬということ）を抜きにしては、燃焼ということも実は考えられない。燃えつつある火が自らを保っているということは、それが自らを焼かないということに外ならぬからである。この非燃焼のゆえに、燃焼は燃焼なのである。……「これは火ではない、故に火である」ということが、「これが火である」ということの真実である。即ち、火の自体を直示し、火の如実なリアリティを表現する真実の仕方である。そう言うことは非常に奇妙に聞こえるのであるが、併しそれが奇妙に聞こえるのは、我々が普通に理性の立場に立っているからである（一三二―一三三）。

「これは火ではない、故に火である」、一見奇妙に聞こえるこの表現が、「火の如実なリアリティを表現する真実の仕方」であるのは、火は自分を焼かないから他を焼くという火の働きが可能だからである。火が自らを焼いてしまっては、焼くという働きはなしえない。さらに言えば、そのものがそのものとして働いている、つまり自己として存在しているのは、「自己でない」（対象化される自己ではない）ということが「自己である」（非対象化というあり方をしている自己）ということだからである。

「これは火ではない、ゆえに火である」という表現の仕方は、鈴木大拙の「即非の論理」を想起したものであろう。『金剛般若経』の「仏説般若波羅蜜　即非般若波羅蜜　是名般若波羅蜜」の「即非」をさして、「即非の論理」と大拙は呼んだ（大拙『金剛経の禅』）。「般若波羅蜜（般若とは智恵のこと、波羅蜜とは到彼岸の意味、したがって般若の知によって彼岸に至ること）とは即ち般若波羅蜜に非ず、それで般若波羅蜜と名づける」という金剛般若経の文から、「即非」という部分を借りて、これに仏教論理の要諦があるという大拙の卓見に呼応するものが、西田は「場所の論理」であると述べている。

大拙は、この表現を「公式的にする」と次のようになると述べている。すなわち、「AはAだと云ふのは、AはAでない、故にAはAである」と論理的に定形化し、まず否定があって肯定に転じるわけであるが、「よりふさわしくこれは肯定が否定で、否定が肯定だと云ふことである」、と、述べる。ここで注目すべきは、「即（肯定）」を「非（否定）」と理解している（「即ち……非ず」、「即ち」が「非ず」である）ことであるが、この点はまたのちに取り上げる。

眼は物を見るから眼なのであるが、然もその眼が眼自身のもとにあるところには本質的な「不見」がある。もし眼が眼自身を見るものであったら、眼は他の何ものをも見得ないであろう。……見と不見という矛盾した事柄が一つにのみ成り立つということが、それの自体的、非対象的な有り方に於ける眼の自己同一なのである。……眼が眼を見ないとか、見が不見である故に見であるとかいうことが、空ということである。即ち、見という感覚乃至は知覚そのもの（一般にあらゆる意識そのもの）が、もともと空だということである。あらゆる意識はもともとその根もとから空ぜられている。それは空の場にのみ現成し、本来空である。併し本来空ということが、例えば見が見自身だということと別ではない。見が根柢のない（「もと」より空なる）作用だということが、見が底なく見だということ、見の端的、にほかならない（一七二）。

眼が「見」る働きをなすのは、「眼自身のもと」に「不見」があるからである。すなわち「見と不見という矛盾した事柄が一つにのみ成り立つということが、それの自体的、非対象的な有り方に於ける眼の自己同一」と言われる。西田哲学の「絶対矛盾的自己同一」は、このように西谷によってかみ砕かれる。「絶対無」を「空の立場」と見ることで、仏教の教説の本質に、西田哲学は、本質的な意味で、哲学という立場にありながら（宗教の立場ではなく、宗教哲学として）、通じうる面が開かれる。西田・大拙・西谷の「哲学」的呼応の相貌が、西谷によって啓かれる。

見たり聞いたりすることの端的な感覚、つまり経験の純粋性は、本来「空」だと西谷は語る。だから見たり聞いたりすることが出現可能なのである。「見聞」が、端的に見分されるものの現れでありうるのは、つまりたんなる主観の作り出した感覚でないのは、「見聞」が空の場においてあり、そこではものが「如実に」、つまり「あるがままに」あるからである。あらゆる意識、すなわち見分の感覚は、「もともとその根もとから空ぜられている」。しかし「空ぜられている」と言うと、感覚と空とが別々に受け取られかねない。そこで西谷は、感覚は「空の場にのみ現成し、本来空である」と続ける。感覚は「「もと」より空なる作用」なのである。そのことを「見が底なく見だ」

と表現されるのである。「白は底無く白である」、あるいは「自己は底無く自己である」ということにおいて、白は白自身、自己は自己自身である。

自己自身のもとにあるという自己自体には、自己の「知」と一つに、本質的な「不知」がある。……この不知は絶対的に非対象的な、「自体」としての自己であり、その不知なるところに成立する自覚は、やはり一つの「無知の知」である。……かの自覚が無知の知といわれたのは、それが自己自身のうちへ屈折することに於てではなく、いわば絶対的に前向きなるPositionに於てのみ成立する知だからである。……それは絶対的に非対象的な自己自体の、絶対的に非対象的な知である。即ち全く非反省的な知である。……そもそも主体の立場は、一方では、その主体性、即ちあくまで客体ではなくして非対象的な存在であるということ、他方ではかかるものとして客体に関係し、客体を知るということ、そういう両方向の統一として成立する。その両方向の切れ合う点に、主体は、それ自身あくまで非対象的でありつつ、然も客体に対立するものとしての自己意識を含んで成立する。……主体に於ける主体性があくまで非対象的であるということは、自己の「自体」が絶対的に非対象的であるということによってのみ可能である。……また、自己が自己自身を知りかつ客体を知るという反省知も、自己自体が「不知」であることによってのみ可能である。……自己自体の「不知」によって主体の「知」も可能にされる。……そこから翻って見れば、所謂主体のみならず身体に至るまでも、すべて自体の現れであり、純粋な自体と一つに、自体の「有」のPositionである。即ち自己自体は、具体的には、自体自身と主体や身体との自己同一に成立する。……畢竟、具体的には、今いった「自己でない」と「自己である」との両面が一つである自己同一のところが、自己自体にほかならない。自己自体は自己にして自己ならぬものとして、また、自己ならずして自己であるものとして、言い現わされざるを得ないのである（一七三―七六）。

古代ギリシャの哲学者、ソクラテスが「無知の知」ということを語ったことはよく知られている。自己が知者であると自認しているものは、じつは自己がすべての知をもちえない、ということに気づいていない。だから謙虚であらねばならない。しかしその謙虚さは、ほんとうの人間としての有限性にもとづかねばならない。謙虚であることを学ぶのは、完全な知者は神のみであるから、自己が不完全な知しかもちえないということ、自己の有限性の自覚の表明が、「無知の知」の背景にある。その「無知」から哲学という試みが始まる。西谷はその試みを、いっそう深いところに根づかせる。

「自己自身のもとにあるという自己自体には、自己の「知」と一つに、本質的な「不知」がある」。しかしたんに「不知」、「無知」と言われるのではなく、「無知」の「知」である、すなわちこの「知」は、「絶対的に非対象的な自己自体の、絶対的に非対象的な知」という「知」である。不見が見とひとつであるように、無知は知と一つである。非対象的自己の存在成立構造のうちに、ほんとうの「知」が成立しうる。あるいは、知と不知とが一つということ、「不知にして知」、「知にして不知」という「事」が、「無知の知」の意味することなのである。

「あくまで客体ではなくして非対象的な存在であるということ、他方ではかかるものとして客体に関係し、客体を知るということ、そういう両方の統一」という事態が、底無き知、いわば「無底知」として成立する。「自己自体の「不知」によって主体の「知」も可能」である。その「知」は、「不知」の「もと」にある。「そこから見れば、すべて自体の現れ」となる。「無知」は無知にとどまるのではなく、どこまでも無知であることにおいて底無く「知」である。そういうあり方を西谷は、「絶対的に前向きなるPosition」と言い、「自体自身と主体との自己同一」と述べる。西田の「絶対矛盾的自己同一」の「自己同一」の意味は、西谷によってこのようにも語られる。

“Position”は「場所」の意味でもありうるし、「空即色（＝すべての存在者）」と言われるように、「空」はたんなる否定性ではなく肯定性なのだから、「空」という「場所」を「絶対的に前向きなるPosition」と言っている、と理解してよいであろう。

実存的思索において捉まれたこの「自己同一（絶対的に前向きなるPosition）」は、西谷の思索する「時」の悠揚なたたずまいに香り、その思索の底にある“Position”（置くという意味から由来するラテン語positioが語源、位置や場所の意味に使われる、positiveと語源を共にする、したがって、肯定的場、という意味にも解せる）が、西谷自身を、またその思索をたどろうとするものをも支える。

(三)「如し」と「如実」――「事のまま」が「如し」となる

「AがAではない、ゆえにAである」、または「眼は眼を見ない、ゆえに眼は見ることができる」、ということであれば、否定が肯定の根拠となり、またその逆であることになり、真と虚（仮）、の区別が落ちてしまう。

そうすると、「如し（〜のようである、虚）」が「如実（それ自身、ありのままにある、真）」となり、たとえば、鳥は「鳥の如し」ということにおいて、「飛ぶ」という鳥の如実な有り方が実現されている、ということになる。

西田は宗教の成立するところを、「億劫（おくごう）相い別れて而（しか）も須臾（しゅゆ）も離れず、尽日（じんじつ）相い対して而も刹那（せつな）も対せず」ということとして示しているが、ここでは「事実」がそのまま「事実の如し」として性起するということで語られる。

相対していないということが絶対的に相対していることとなり、離れていることにおいて絶対的に会っている、という事態を、西谷は「回互（えご）」と「不回互（ふえご）」という関係性を語る用語で解明する。

互いに絶対的に自己のうちに閉じていながら、そのことで互いが絶対的に開かれている、というところにものの如実が成り立つ。「如実」を開くものが「空」であり、如実とは「ありのまま」であることなので、それは「自然」と言っても同じことになる。「空」の具体は、「自然」となる。

ものはそれが真にもの自体であるところに於て真に仮現的なのである。「鳥飛んで鳥の如し、魚行いて魚に似たり」といわれるが、飛ぶ鳥そのままの如実なる自体が、「鳥の如し」であり、行く魚それ自体が「魚に似たり」である。逆にいえば、鳥の如しが「真如」に外ならない（二五七）。

「鳥飛んで鳥の如し、魚行いて魚に似たり」は、日本曹洞宗開祖道元の『正法眼蔵』（「正法」は「仏法」のこと、「眼蔵」は「眼目」の意味とすれば、「仏法の眼目」という意味になる。仏語としては、「眼」は照らすこと、「蔵」は含蔵の意味なので、「真実を照らし、包む、無上の法」が直訳的な意味合いとなる）のなかの「坐禅箴」の巻中の言葉である。『正法眼蔵』は、いわゆる禅語をとりあげて、その語に対する道元の読みを述べたもので、日本における最初の「哲学書」と評価されている。そこにおいて中国の禅思想が、道元の日本語による理解のうちに解読される（中国禅が、そのような道元の試みによって、もちろん日本的に歪められたということではなく、日本禅となっている面が注目されるべきであろう。禅が「日本の禅」となることで、禅の本来が日本に根づくのである。たとえば「悉有仏性（あらゆるものが、仏性を、有する）」を、道元は「悉有は仏性である」と読み解く。いっけん文法的に誤読ともいえる読み方が成り立つのは、日本語による解読というところに見るべき点があるだろう。西田が西洋思想を日本語で読み解くときに、同じような試みがなされたと思う）。

「坐禅箴」の「箴」とは、もともと治療に使われる「針」のことで、そこからいわゆる「つぼ」の意味となる。その意味でとれば「坐禅の要諦」のこととなる。ただし「戒める内容の文」という「箴」の一般の意味も考慮すれば、とくに坐禅についての思い違いを戒めるという意図も読みこめるであろう。

〈「坐禅箴」のなかでまず道元は、中国の薬山惟儼禅師の公案である「薬山非思量話」を取り上げる。ある僧が薬山に、「兀兀地思量什麼」（山のような姿で坐禅して何を思っておられるのか）と問う。薬山は、「思量箇不思量底」（箇の不思量を思量している）と応じる。さらに僧は、「不思量底如何思量」（思量しないところをどのように思量するのですか）と問う。薬山は「非思量」、と応じた。「兀兀と坐定して思量箇不思量底なり。不思量底如何思量。これ非思量なり。これすなはち坐禅の法術なり」（『正法眼蔵』「坐禅儀」）と、道元は応じる。

坐禅は心を無念無想の状態に置くことによって、「仏陀（ブッダとは覚者のこと）」になること、つまり「悟り（覚）」を得ることを目指すものと一般には受け取られている。しかし坐禅を組み、手は印を結び、身体を不動の状態にして、呼吸作用にだけ意識を集中しようとすればするほど、心は動いてやまなくなる。身体の不動は、かえってあれこれの想念を動かす。動く心を封じ込むには、心を一点に集中させることで安定させるしかない。その心の状態では、「何を思うのか」と問われれば、「何も思わないということへと、思いを集中させている」と応えることとなろう。思わないことを思う、ということは少しも思わないことになっていない。これが、坐禅が徹底していないよくある状態であろう。「薬山非思量話」は、とうぜんこのようなレベルの話ではない。

「兀兀地」とは、「箇不思量底」の「箇」のこと、すなわち坐禅の当体である「自己」であろう。その「思量」は、「何（如何）」で充たされている、つまり「疑団」そのもの、「大疑」となっている。そういう「疑」そのものとなった「自己」のうえでのことだから、「不思量を思量す」とは「何」という「問い」そのものがどのようなことかという問いになる。そこで「非思量」と言われたことは、問われている坐禅の当体、つまり「自己」の「疑」の底が名指されている、と考えてよいであろう。「疑」という問いが生じてくる底に、問いを破ったもの（非思量）が現れている。

「非思量」は、「見」を可能にしている「不見」、すなわち「不見にして見」と同じ意味と理解できる。「空における思量（不見の見）」ということであろう。そのような「不見」は、「非対象的見」であるということについて述べてきたが、西谷は、禅仏教における「非思量」の問題に自らの見解を重ね合わせている。

さてついで道元は薬山の話に続いて、禅は「作仏」（仏に作（な）ること、つまり悟りをひらくこと）ではなくて、坐禅そのものが「行仏」（仏を行じること）であると指摘し、さらに「南嶽あるとき大寂のところにゆきてとふ、大徳、坐禅図箇什麼（坐禅は箇の什麼を図る）」という問題を取り上げる。

南嶽大慧禅師は弟子の江西の大寂禅師（馬祖道一）に、「坐禅は何を目的としているのか」と問いかける。「作仏」という応えをうけて、南嶽は、よごれた塼を磨きはじめる（磨塼）。その行為について、「師、什麼をか作す」と問われて、「磨作鏡（磨いて鏡と作す）」。もちろん磨いて鏡となすことはできないが、ここから道元は坐禅の本質を論じてゆく。

このような話をふまえて、宏智禅師の坐禅箴が取り上げられ、ついでそれを受けた道元自身の坐禅箴が述べられる。すなわち、宏智禅師の坐禅箴をどのように受け取るかという事について論理的に展開して、「水清徹底兮、魚行遅遅（水清んで底に徹して、魚の行くこと遅遅）空闊莫涯兮、鳥飛杳杳（空闊くして涯なし、鳥の飛ぶこと杳杳）」という最後の部分を、「水清徹地兮、魚行似魚（水清んで徹地なり、魚行いて魚に似たり）空闊透天兮、鳥飛如鳥（空闊透天なり、鳥飛んで鳥の如し）」と道元は言いかえる。〉

宏智禅師はその坐禅箴冒頭に、「不触事而知、不対縁而照」と述べる。道元はこれを受けて、自己の坐禅箴のやはり冒頭に「不思量而現、不回互而成」と言う。すなわち「事に触れずに知り、縁に対せずして照らす」ということを、道元は、「不触事が知であり、不対縁が照である」と読み、「不触事＝不思量」、「不対縁＝不回互」と解し、「知る」とは「現じる」ことであり、「照らす」とは「成ぜられること」と述べていると考えられる。

このことについて詳細を考察することをここではなしえないが、「不触」とはじつは「すべてに触れて知り得ていること」、すなわち知を成り立たせている無知を意味し、「不対」とは「かえってすべてに対していること」、すなわち隠れるものなくすべてが露現していること、という禅に特有な逆説的表現の意味で受け取らねばならない。

「不触にして不対」という場においてこそ（不見が見を可能にしているように）、ものが現に成じて存在するという「現成」が起こる、と道元は語ろうとしている、と読み取れる。

ところで西田が論文「場所的論理と宗教的世界観」のなかで、「神は何処までも自己否定的にこの世界に於てあるのである。この意味において、神は何処までも内在的である。故に神は、この世界において、何処にもないとともに何処にもあらざる所なしということができる」（『西田幾多郎哲学論集Ⅲ』、一二八―一二九）と述べて、大拙の即非の論理にふれ、さらに大燈国師の「億劫相別而須臾不離　尽日相対而刹那不対（億劫相い別れて而も須臾も離れず、尽日相い対して而も刹那も対せず）」とその論理は同じと指摘する。

相別れて触れず、ということは、瞬時も離れていない、ということ、一日中相対している、ということは、一瞬も対していない、ということは、「坐禅箴」の「不触」、「不対」と同様の事柄を語っている。注目したいのは、道元が「不対」を「不回互」と言いかえ、知ること（覚知）の本質に結びつけて語っている点である。

世界に有るすべてのものは何等かの仕方で互いに結びついている。他のものと全く無関係に成立しているものは一つもない。科学の悟性はそこに自然必然的な因果の法則を考え、神話や詩の構想力はそこに有機的な生ける繋がりを感得し、哲学の理性はそこに絶対的な一を観る。併し一層根本的には、そこに、空の場に於てすべてのものが互いに主となり従となりつつ有るという回互の体系が会せられねばならない。その体系に於ては、それぞれのものはそれ自身ではなくしてそれ自身であり、それ自身でありつつそれ自身ではない。その「有」は真にして仮、仮にして真である。そういうことは一見奇怪に聞えるが、しかし実はすべてのものを集めつつ互いに関連せしめる「力」――それは古来「自然」（Physis, Nature）と呼ばれて来たものである――は、そういうことで初めて考えられるのである。……そういう回互的関係そのものが、すべてのものを一つに集め結びつける「力」にほかならない。世界をして世界たらしめる力にほかならない。……松には松の徳として、竹には竹の徳として世界の「力」が、或いは「自然」が、現成している（一六七―一六九）。

「世界に有るすべてのものは何らかの仕方で互いに結びついている」ということを、「空の場に於てすべてのものが互いに主となり従となりつつ有るという回互の関係」のことであると、西谷は説明する。いかにして個々別々の独立したものが互いに逢い合い通じ合う、つまり心を通わせ合うことができるのかは、「互いに主となり従となりつつ有る」ことによる。「ものはそれ自身ではなくしてそれ自身であり、それ自身でありつつそれ自身ではない」ということが可能であって、「主にして従」、「従にして主」という相矛盾した関係が成り立ちうることでなければ、心の底から通じ合うということは不可能である。そういうことが可能なのは、「空の場」に「於てある」からである。あるいはそういうことが可能であることが、「空」という言葉の意味内容なのである。

西谷は西田の「場所の論理」、あるいは大拙の「即非の論理」を、哲学的に説明できるものとして、「回互」という仏教用語を哲学の論理用語にメタモルフォーゼさせる。空の場における存在は、主（それ自身であって）にして従（それ自身でない）であるゆえに、したがって「真（主）にして仮（従）、仮（従）にして真（主）」となる。奇をてらった発言にみえるが、ほんとうに存在するということは、そういうあり方をしているということでなければ、捉えられないのである。「絶対矛盾的自己同一」というい っけんするかぎり論理破綻とみえる論理がどこに論拠があって、提示されたかということが、「回互」に「於て」成り立つ「真にして仮、仮にして真」ということによってである、と西谷によって明示される。

さらに「回互的関係そのもの」を呼び込む「すべてのものを一つに集め結びつける「力」」を、西谷は「自然」の「現成」だと言う。「自然法爾」という読み込みを迫る「自然」の力の働き方が、「回互」に見出される。「宇宙」

とか「世界」と言っても同様であろうが、それを「自然」と見ることで具体的になり、身に触れうる身近な事柄として「回互」が体感される。「自然（じねん）」に対するセンスは、西谷の思索に本源的である。「空の場」を「自然」と見徹したところに、西谷的考察は、静かで深い輝きを放つ。

「絶対矛盾的自己同一」が、世界が世界となりうる「回互」の論理としてその内部が示されることで、西田哲学の用語として強い摩擦を呼ぶ面（西田哲学が登場するにはこのような生硬なことどもぶつかるような衝撃をもたらす用語が必要であったであろう）がやわらぎ、諸方面に浸透しうる柔軟性を獲得することになるであろう。

また西谷によって「真にして仮」という事柄が、道元の「坐禅箴」の「鳥飛んで鳥の如し、魚行いて魚に似たり」という詩的言語をもって示される。このような提示の仕方にも、西谷流が出ている。

「ごとし」は日本語としては、「こと（事）」に「し」が付された表現で、「事のまま」という意味であった。ほんらい「ありのまま」、「如実」という意味であったものが、「〜のようなもの」という「仮現」の意味で使われることには、「映す」という事柄をどのように見るか、という考察を要する。

知る働きは、鏡に物を映すという例によってしばしば語られる。実物があって、鏡にその写像が映る、と考えられている。しかし、日本語では、「移す」と「映す」とには、同じ事態が見られていて、そこには写像はたんに原像の写しではないという見方を見出せる（日本語では、「こと」は「事」であり「言」である。この「事＝言」ということがどのように考えられているかが、見逃されてはならない）。「如し」ということに「真如」がある、という西谷の指摘は、「知る」という働きの「真如性」についての深い理解に基づく。

「自己ならずして自己である」とは、……「人間」としての自己の「有」、また自己の主体存在が、本質的に仮現であるということを意味する。更にまた、人間としての我々に於て、又我々によって、生起する身心の諸現象、或いは自己が自己を知り、客体を知るという反省知も、本質的に仮現であり、古人のいわゆる「虚妄分別」であるということを意味する。それらがそれら自身として如何に客観的に真実であっても（例えばある科学的認識として真理であるとしても）、その真実のままで本質的に仮現だということである（一七六―一七七）。

「自己ならずして」の「自己」は、自己でなくして自己であるという意味では、「仮現」である自己のこととなる。しかし、「自己ならず」というところに、自己が自己である本源がある。だから「如し」が「真如」である、と言われる。「自己は自己ならずして自己である」、つまり「自己は自己である」という自己同一は、「自己ならず」ということにおいて成り立つのである、不見が見を可能にしているように。西田が、「自己は自己に於て自己である」と述べた、その「自己に於て」の「自己」が「場所的自己」を意味することについては述べたが、その「自己」は、「自己ならず」という「自己」、いわば「自己の如し」とも表現されうるであろう。

自己は、自己自身に対しても、客体に対しても、反省という働きを行う。場所的自己は、意識の場所であるから、意識の働きの本質である「反省」が遂行される。しかしその反省は仮現的自己に映る反省であるゆえに、客観的真実のままで仮現ということになる。客観性、とか、科学的世界観ということ自身が、そもそも抽象にもとづく。ところがかえってほんとうに抽象であることが、もっとも具体に通じるのである。なぜなら、仮現が真如であるからである。つまり空の立場においては、如実なもの（有）がそのままで存在の証跡を消したもの（無）となる、仮（無）と真（有）とが相入するのである。

客観的な「科学的事実」と主観的な「心の現実」という二元論を、真に説明し、関係づけられる根底的論理が、ここに語られている。

事実が事実自身のもとにあるところでは、それは底なく事実である。そこではそれを背後から根拠づける如何なるものをも超脱している。……あらゆる次元の根拠や根柢の彼岸と同時に此岸であり、あらゆる「何によって」や「何故に」や「何のために」を脱してそれ自身なのである。然も空の場において無底的にということは、仮現ということと別ではない（一七七―一七八）。

「空の場」において、もっともこちら側が、もっともあちら側となる。それは、画家がひたすら対象に没頭して自己の画業の作為を忘れたところ（彼岸）に、かえって自己の個性のある画風（此岸）が生じるのに似ている。「本来的自己は、自我における一々の働きのうちに何時もすでに現前している。眼は眼を見ずという仕方で現前している」のだから、そういう出来事が起こるのだが、「本来の自己が自我のうちに現前しているということは、自我が自我である限り自我自身には永久に隠される」ゆえに、自我という底が破れるという経験にまで行き着かねばならない。自己が根底であることから、何のために生きるのか、なぜそのように為そうとするのか、何によって生を支えるのか、という事柄がへの「問い」、もはや「大疑」の「疑」も消えたところに、「底無く事実そのもの」、白いということが何処までも白い、という「事」が発る。しかし西谷は、「しかも空の場において無底的にということは、仮現ということと別ではない」と語り加えている。つまり「空の場」ということのさらなる考察には、「仮現」という事柄にさらに語られるべきことがある、ということであろう。

第三節　「時」に住む

（一）涯なく時の内にあること――無底の時を生死する生死

「生死」とは、涯しなく、生が死へと、死から生へと、流転し続けることである。しかし「生死」自身の底において、底無く生死する、というとき、生死は生死のままで、「生死せず」ということになる。生れ変り死に変るという有り方を超越するのではなく、そのこと自体が底無くということにおいて、空の場へ生死の底が開けるのである。

「時に生きる」、ということが、どのようなことかが本当に解明されることが、わたしたちがある、ということの有り方を理解することになる。今ここの、この時間の中で、釈迦に出会い、イエスに出会う。それが「歴史」を成り立たせている本質である。

一人一人の生きる時間の中で、ほんとうに「あなた」に出会うことで、私たちの生は支えられている。そのことがいかなることであり、どのように成り立つのか、その問いに応えられなければ、私たちの生はいつまでも浮き草のままである。

> 我々は時のうちに生れ死す。時のうちにあるとは、不断に生死のうちにあることである。しかし我々は単に時のうちに、生死のうちにあるのではない。我々自身の「もと」に於ては、我々は単に生死のうちに流転しているのではなくして、生死を生死しているのである。単に時のうちに生きているのではなくして、時を生きているのである。……底なく時のうちにあり生死のうちにあるということが、脱体的に時のそとにあり、生死のそとにあるということである。世界と万物に先立ち、世界と万物の主となることである（一七九―一八〇）。

私たちの生は、時間の中にある。時間のうちにあるとき、私たちは存在しえている。生の時間を失くすことは、死を意味する。しかし西谷は、「我々は単に生死のうちに流転しているのではなく」、「生死のうちにあるということが、脱体的に時のそとにあり、生死のそとにあるということ」であると述べる。

空の場において、底無き存在を生きているとき、一面において、時は涯しなく無意味に過ぎる様相を顕す。しかしその様相が、空の場におけるものであるという事において、時の外、あるいは過ぎ行く時間の中に無い時の初めの形を現わすものに変貌する。そのことで、生死を生きるものは、「世界と万物に先立ち、世界と万物の主となる」、つまり時間に縛られない自由な存在、すなわち根源的主体性を生きることになるが、その主体性は、時間の「中」において、涯しなく過行く時間を生きることへと徹底された、虚無において空の場へ転換された主体性である。

日々の生活のなかで、私たちは自分の時間を所有していて、どのようにその時間を使うかというように考えている。しかし時間を自由に使うことなどできない、死の時間を自由にできないことにそのことは端的に現われている。むしろ私たちの方が、時間の中に生きているのである。死を逃れられないということは、時間の方が私たちを所有していているということである。したがって、時間を自由に生きる根源的主体性は、何処までも時間の中にありながら、時に縛られて時のうちに生きるのではなく、その時間の底を抜いて底無く、「時を生きる」ところで果たされる。私たちは、生きまた死ぬという「生死」を流転しているのではなく、「生死を生死している」、つまり生死そのもの（無常）を生きているのである。生死の外に生があるのではなく、生死することが生そのものなのである。

過ぎ行く時間と、時間の外にある時間の初めが、どのような関係であるか、ということが、私たちがどのように生きるか、ということを考えるうえでまず根本的問題である。過ぎ行く時間ということについては、たとえば仏教では、私たちはいつまでも前世から来世へと生まれ変わり死に変わり続ける、と説かれる。仏陀（覚者）とならない限り、永遠に生死の輪廻を繰り返し生きざるをえない、とされる。しか事実は、浄土は彼岸ではなく此岸にある。あの世はこの世のうちにあるゆえに、今ここで、私たちの悲哀の魂は救済されうるのである。

自己は唯一であって、代わりはない。その唯一性、独自性、無依存性のままに、今ここで、掬（すく）（救）われるのでなければほんとうに救われたことにならない。自己自身であること（此岸）において自己自身でない（彼岸）ということ、すなわち「此岸即彼岸」という事がなぜ果たされうるのか。その事が可能となることが、空の場に「於てある」という出来事なのである。その出来事の具体は、時の中で何処までも時を生きる、というあり方に見出される。時の中で時を生きるということがどういう出来事であるのかを解明することが、私たちの人生の側からいえば、私たちの生の解明となる。

「生死を生死している」といえるこの世に永遠に続く輪廻の相は、むしろ生きるということの徹底相である。「底なく時のうちにあり生死のうちにある」ということが、そのままで時における虚無から空への転換となる。虚無と空との関係は、無意味に「過行く時間」と時間の外の時間の「初め」の関係に具体化される。ただし虚無と空とは別ではなく、それを「虚空」と言うべきかもしれない。虚無の徹底そのこと自体が空への転換となる。虚無と空との関係、つまり両者の転換を現実に生きることが、「時を生きる」ということの本質にかかわる。

空の場においてそれぞれの時が底なく「時」である故に、それぞれの時に一切の時が入る。そして一切の時の入り得る如き底なきものとしてのみ、それぞれの時は如実なる時として現に成り立つのである。如実と如幻とは一つでなければならぬ。「時」の本質はまさしくそこにある。……過去と現在とは、時における前後の序列を「壊する」ことなしに然も同時的であり得る。そういう同時性の場がなければ、宗教はもとより文化すらも成り立たない。我々は釈迦やイエスにも、芭蕉やベートーヴェンにも、現在において出会うのである。宗教や文化が時のうちで歴史的に成立し伝えられ得ることは、時の本質そのものを示しているのである。……ところで、時も処もその一々のうちに一切が入るという回互的相入として成り立つということ、即ち時間と空間との絶対的相対性は、……「世界」が、それぞれの「もの」の有における相入、存在の根源的な相対性において成り立つことを意味する。のみならず、「世界」が一つの全体として、即ち一つの「世界」として成り立つことは、それが多くの「世界」と互回的相入において成り立つことを意味する（一八一―一八二）。

「時が底なく「時」である」ということは、時の底無きあり方（無底としての時）にすべての時が映っている、ということを意味する。はるか昔の過去から、涯しない未来の時間が、時の無底に於て同時に、移り（映り）、集まる。時における同時性と言えば神秘主義的に聞えるかもしれないが、私たちの心の現実においては、たとえば漱石の小説が自己の心にしみ込むとき、漱石と出会い、漱石は生きている。キリスト教への信仰が果たされるのは、何らかの意味で永遠の過去に居る「イエスと出会った」ことによる。そういう漱石やイエスとの出会いが、文化や宗教の基礎にある。いわば「心の同時性」が、生死を生死する時を生きる「歴史」の本質にある。

一人一人の人生が、「人間の歴史」を、と言うより「生命の歴史」を生きている。胎児が一人の人間にまで成長するのは、母体の中で、生命誕生から人類の成立までの歴史を生きることによってである、という事実にそのことは明らかである。

誕生の産声は、この世界の中での初めての呼吸作用である。生命の歴史を生きて、ついに自己を生きる、一人の誕生の物語、すなわち歴史（history は story である）が始まる。産声の一声は、涯しない時と今ここの時とが一つに結晶した一息である。「時における同時性」ということは、私たちの日常の人生の一人一人の、一息一息の事柄なのである。一人の人間の誕生は、宇宙の成立から生命の進化の歴史をすべて生きることで果たされる。一人の人間は、そのままで一つの宇宙であると言える。

西谷は、このような「一人」の人生を成り立たせている時における同時性を、「時も処もその一々のうちに一切が入るという回互的相入」による、と述べる。空の場に於て時も成り立つのだから、とうぜんそのように言えるのだが、ここで「場」ということの本質が語られていることに、思い至らされる。

自己ならずして自己であるゆえに、自他は回互的相入が可能である。その回互的相入において、我と汝のみならず彼も入る「世界」が成立している。「「世界」が、それぞれの「もの」における相入、存在の根源的な相対性において成り立つ」とき、我・汝・彼は、「世界」といういわば三次元的関係を形成し、そこに時間も入ることで四次元的世界が形成される。回互的相入が、我に於て、汝に於て、成り立つのは、世界という場所が回互的相入の場であり、そこに於てある我も汝も、場所的存在であるからである。場所は、「重重無尽」に重なり合うことが可能な「場」なのである。

西谷の慧眼は、自己を「空の場」と見抜いていた。それはもちろん、西田の「場所」の哲学を啓（ひら）いてみることのなかで出てきた指摘である。西田が存在を場所的に見た極めて重大な意義は、場所は重なり合うことができるという点である。一人の空間は他に譲れない。他に譲れば、自己の占める空間がなくなるからである。しかし自己の居る「場所」は、共有可能である。たとえば「自己の居る場所」は、「身体」である。そこでは親の命も入っているし、空気や食物という外界の物も流入している。身体に住む心には、漱石やイエスという他者も居る。自己の居る場所から他を排除すれば、むしろ自己は自己でありえない。

自己が、さまざまな世界の重なる一つの世界であれば、諸世界が重なり合うことができる。その重なりが生みだす「自己という形」が、「ひとつ」を成り立たせる。「「世界」が一つの全体として、すなわち一つの「世界」として成り立つことは、それが多くの「世界」と回互的相入において成り立つことを意味する」、すなわち自己が一つの場所という存在であるとは、「多くの「世界」と回互的相入」の場所であることを意味する。

空の場に於ける有り方としての「中」は、他の如何なる場にもうつされることの出来ないものである。それは、ただ我々自身が現に有るということのうちに直接に現前しているもの、また、そのことのうちに直接に自覚される外ないようなものである。それは我々の手もとにまた足もとにある。例えば見たり聞いたりする我々の一々の作用は、他の何人によっても代行され得ないものであり、いわば絶対的な直前性を含んでいるが、そういうところに今いう「中」が現れている（一八六）。

「空の場に於ける有り方」を、「中」という用語で西谷は示す。すでにくりかえし取り挙げてきた「「もの」がそれ自身のもとにある如き有り方」、「有るがままの「もの」自体」を指して、「中」（「中」は「うち」と読むこともできる、ただし「内の内」、内外の対立を包んだ「内」）と呼んでいる。ものの自体的な有り方には、「中」という表現が当たる。なぜなら、「我々との関係に映された「もの」の有り方」、その「かたち」は、理性の光のもとに見られたものであって、理性が受けている光の元である「自然の光」の中あるそれ自体のすがた、その有り方は、自然の光源の「中」にある。それは、光を受けて陰のかたちとなる有り方ではなく、「光陰」それ自身というかたちである。それ自体のすがたは、理性の光から言えば、「かたちなきかたち」であり、その有り方は、自らが自らであることを享受する、光が光を受ける、いわば「物皆自得す」という大きな肯定を示すものでもある。

空の立場にある「中」ということは、西田哲学の「矛盾的自己同一」の「同一」を、西谷的に示したものであるとも考えられる。

またアリストテレスの倫理学における「メソテース（中間にあること）」、それを日本語訳では儒教の言葉を借りてきて「中庸」と訳したが、ギリシャや中国における「中」とは異なる、大乗仏教における「中」の理解が、西谷の「中」には、ふれられてはいないがふまえられているであろう。

また天台大師智顗は『法華玄義』『摩訶止観』で、真理のあり方として、空諦（くうたい）・仮諦（けたい）・中諦（ちゅうたい）の三つを挙げている。円教においては、この三諦は常に「即空・即仮・即中」として、その三は一に即して相即相入すると考えられている。

西谷の示す「中」は、西田哲学、西洋哲学、大乗思想を背中に見て、自己の「根源的主体性」を徹底展開したものと見てもよいであろう。

〈西田は論文「私と汝」において、「真の絶対無の限定と考えられるものは、単に周辺なき円といふ如きものではなくして、その到る所が中心となるものでなければならぬ」と述べ、「かかる一般者の自己限定として絶対に死して蘇るといふ弁証法的に自己自身を限定するものが限定せられるのである」(『西田幾多郎哲学論集 I』、二八二)、と続けている。西谷はその有り方をもっと絞り込んで、「空の場に於ては如何なる周辺もないから、「一切が一つ」ということは円(或いは球)によって象徴されることは出来ない。……その中心はもはや円の中心、周辺をもった中心ではない。それはいわば周辺なき中心、中心のみの中心であり、空の場での中心である」と語る。

西田は『哲学の根本問題続編』の「序」において、論文「私と汝」において論じられた「個物的限定」は、「ノエシス的限定が主となった」もので、「従って尚個人的自己の立場から世界を見る」という立場を脱していないという自己批判を行っている。ここから、自己が自己を限定することが世界が世界自身を限定することである(「個物的限定即一般的限定、一般的限定即個物的限定」)ということへと論理を徹底させ、「行為」の意味を改にそこから取り出し、日々の日常の私たちの働くこと(「作る」、すなわち「作す」こと)という有り方を、「行為的自己」の「行為的直観」という、具体性において(見たり聞いたりすることの端的性が行為的直観である)語るようになる。この問題は、西田哲学の核心にふれるものである。したがってここで詳細に述べることはできないが、しかし西田と西谷の「円とその周縁(あるいは周辺)」の捉え方についてのみ簡単にふれておきたい。

絶対的に対立する我と汝は、しかしともに「同じ世界に於いてある」のだから、自己の底に汝を、汝の底に自己を見ることになる。このようにいちおう説明できるが、この説明はじつはきわめて簡単すぎる説明で誤解を招く言い方でもある。しかし「事の世界」の深層にして真相は、容易に説明しきれない。それにしても考察されるべき焦点は、同じ場所（世界）にある我と汝も、やはり場所的存在である、というところにある。

西田が、「周辺なき円の自己限定として到る所に限定せられる円と円との関係は私と汝との関係でなければならなければならない」（「永遠の今の自己限定」）と述べているように、自己を一つの「円」とみるということは、「場所」と見ることであるから、自己に対する汝もやはり場所的自己とみなされる。我と汝の相対は、場所と場所との対立と見られる。通常は自己は点のごとくイメージされているが、面、ないし場所（フィールド、野）と捉えるところが、革新的な観点なのである。中心を有った場所的な自己とは、だから「或る一つの中心を有った無限大に広がる円」の「かかる中心が我々の個人的自己」となる。

多数の自己、すなわち「周辺なき円の自己限定として無数の円が成立する」のだが、その中心を有った自己限定する自己は、「中心的限定は非中心的限定から何処までも否定せられる」ゆえに、自己はつねに死にゆくものとなる。すべてが絶対的に「一」に統一されて存在する面（至る所に中心を有つ円、絶対的円）が、円の各々の中心（個々人）を否定する「中心否定の円」とされ、それを「絶対無のノエマ面」とし、個を否定する死の方向が導きだされるが、「併し非中心的限定と考へられるものは固到る所が中心である周辺なき円のノエマ的限定に過ぎない。中心的限定は何処までも非中心的限定によって消されるのではない」として、「真の絶対無の限定と考へられるものは、単に周辺なき円といふ如きものではなくして、その到る所が中心となるべきものでなければならぬ。か丶る一般者の自己限定として絶対に死して蘇るといふ弁証法的に自己自身を限定するものが限定せられるのである」（「私と汝」）として、死にゆくことにおいて生きるあり方が究明される。絶対無のノエマ面を包む、絶対無のノエシスの能動性、その肯定性が、弁証法的に究尽される。我と汝との関係でいえば、この絶対無の自覚のノエシス面はさらに、死して蘇りを生む、自他関係の「愛」という存在形式として論述される。

要約的に述べようとして、とても分かりにくい説明となったが、円と周辺の関係によって、絶対無の自己限定が解明され、我と汝関係についても論じられているが、西谷はそもそも「「一切が一つ」ということは円（或いは球）によって象徴されることは出来ない」と述べている。

ノエシスとノエマという用語は、現象学の述語を西田が借りてきて使用しているもので、西田的用法で言えば、ノエシスは「作す」働き、ノエマはその働きによって「作られたもの」というように、言ってもよいであろう。「作られて作る」、さらに「作られたもの」が「作るもの」を離れて客観的に存在して、また「作るものを作る」、という有り方に、西田は私たちの日常の存在の仕方をえがいて見せる。そのことを、「物となって考え、物となって行う」とも言っている。論文「私と汝」のすぐれた立場が、なお「個人的自己の立場から世界を見る」、すなわちなおノエシスを基にして見る、という最後の一歩を残すと述べた問題が一掃されたところに、「作られて作る」という事柄の世界が開けたのではないだろうか。我と汝の「於いてある」場所である、ノエシス的限定面を、事実が事実を限定する自然的平常底にまで見徹し、ノエシス・ノエマの枠組みを透過して、永遠の自己限定である「今、ここ」の現前性に徹底するところが、西田の最終の立場であったろう。西谷は、そこをいわばあっさりと「空の立場」として提示しているのではないだろうか。もつれる糸をさらりとほぐす目途は、「一切が一つ」という「空の立場」は、「円によって象徴されることは出来ない」、というところにある。「中」を、「絶対的な直前性」と述べているところに、そのことは確かめられると思われる。中心と周辺も如幻となって、ありのままの「中」のみが現成する「ところ」が、西谷の心に浮かぶ究極の「空」のイメージであろう。〉

(二) おのれの如く愛す——如如（にょにょ）として丁丁（ちょうちょう）

底なき虚無が、底無しであることにおいて、「限りなし」という永遠に通じる。

誰とも会わないという虚無は、誰とでも会っている、ということの裏返しであることが、「空」の「場」が開かれる、ということである。自己はどこまでも自己自身であるほかないが、そのように如実に自己自身であることが、「自己なくして」に裏付けられている。そのことをふまえれば、「自己は自己の如く生きる」、ということになる。「如く」というところでは、「他者を自己の如く愛する」ということも、可能となる。しかしどこまでも、自は自、他は他である、したがって自他の出会いには、「丁々発止」の衝撃音が響いている。もっともその音は、風のさやぎや、鳥の声ともなる。

輪廻ということの「意味」は、人間存在の実存論的な解釈から引き出された。それは一言でいえば、人間存在における有限性の本質、或いはそれの実相、要するに真の有限性としての無限なる有限性ということであった。

そのことは、人間存在の根柢に底なき虚無が、然も実存的に開かれたことである（一九五）。

「生死」（生まれること、死ぬこと）と訳されるサンスクリット語（サンサーラ）は、「輪廻」（生と死が繰り返される）とも訳される。この世は、苦界であって、その世界に生まれ変わり死に変わって生きつづけることは、永遠に「苦」がつづくことである。苦界を生きざるをえない有限な人の生が、果てしなく続く、すなわち「生死」の限りない「輪廻」という理解は、たんに認識の問題ではなく、そこには「悲苦」という苦悩が裏に張り付いていて、輪廻するという認識は、たんに認識の問題ではなく、苦悩の叫びでもある。そういう苦悩の自覚は、「有限性が徹底した有限性として開示された」ということでもある。

「「時」が両方向に限りなく開けているということ、無始無終であるということは、その「時」自身が、またその

「時」のうちにおける我々の存在が、無限な重荷として我々の存在にのしかかってくること」である。それは私たちが、「刹那に生じ刹那に滅する「時」のなかで、不断に新しい生成、果てしない転化を余儀なくされるということ」を意味する。果てしない転化を求める無限な衝動が私たちを一時も安らわせないが、その苦悩は「その無限衝動は我々のうちなる可能性の限りなさ、その可能性の無制限性」というものを孕んでいる。無始無終な時と、その時のうちに生死する私たちの存在の可能性とが分かち難く結びついているのは、「世界という全体的連関を離れては考えられない」と、西谷は指摘する。私たちがこの世の世界に生きるということが、どのように成立しているかというところに問題の焦点がある。

時間の有限性の無限性、有限が限りない、という論理的矛盾において、「人間存在の根柢に底なき虚無が、しかも実存的に」、開かれる。限りない有限性ということは、有限性に有限という底がない、ということである。底無く有限であるということにおいて、遡れない遠い過去から、見渡せない遥かな未来へ、時間が始めなく終わりなく流れ続ける。「始めを求めてどこまでも遡り、終わりを求めてどこまでも進み得るということ」は、有限が無限に開かれているということである。始めなく終わりなく過去から未来に流れる「時」は、不可逆的である、言いかえれば直線的時間である。

しかし「「時」の不可逆性は、現在の両方向に果てしなく開けた時の上でなければ言えない」、つまり直線的であるにもかかわらず、というより、それゆえに、「「時」そのものの初めは、あらゆる過去よりも以前である。同様にまた、あらゆる時間的な未来よりも以後である」。時の無限性が成立するのは、いずれの時も「時の初め」に立っているがゆえにであり、終わりなき、つまり涯しないという底無し、という有限性の無限性は、その都度が初めであること、時そのものの初めが「反復」されるということである。

時が前後に果てしなく開けて次へ次へと新しく転生しているゆえに、その都度の存在者はみな無常に滅んでゆく。

「「有」が恒常に固定しないためには、「有」に障礙(しょうげ)されない移ろいとしての無常性がなければならないのである。それは「為す」が虚無に基くことに於てのみ可能なのである」。すなわち無常に滅ぶゆえに、新たな創造が可能となる。その都度「時そのものの初め」に立つのである。その意味では、時は循環する。

すなわち時の不可逆性には、時の初めが開けている。「この「時」そのものの初めのもとに」、時間の流れのなかにあるものが「集められている。それらはすべてそこに集められたものとしてのみ成り立つ」のだから、一瞬も止まらない今この時が遥かな過去から遠い未来への推移のもとにある、そうでなければ不思議にも「今」は足元を有たないのである。

ところで「輪廻」は、人間の「業」によると考えられている。非苦の原因とされる「業」は、「無始爾来の「業」などと言われるように、「業」が無始無終なる「時」を場として考えられて」いて、「輪廻」や「業」を抜いては、つまり限りなく無常であるという有限性を撥無(はつむ)してしまうと、「時を生きる」という具体性は宙に浮くであろう。

〈時間は自分の死と共に終わる、死において少なくとも自分の時間はすべて消え失せる、死はすべてを虚無化する、とたいていの人は考え、信じている。死の深淵の中にすべてが消失する、ということは紛れもない事実である。しかし一方では、死すべき泡沫(うたかた)のような存在が果てしなく生まれ滅んでゆくとも考えられている。

「無常」と言えば、次の『方丈記』の冒頭が、誰の思いにも浮かぶであろう。「ゆく河の流れは絶えずして、しかももとの水にあらず。よどみに浮かぶうたかたは、かつ消えかつ結びて、久しくとどまりたるためしなし。世の中にある人と栖(すみか)と、又かくのごとし」。

同じ川の水であろうとも、その水は流れのもとにあるかぎり、そのつど浮かぶうたかたは同じうたかたではありえない。つぎつぎ人が生まれようとも、一人一人の人もみな別人である。一人の人生もそのように、はかない。しかし鴨長明は、消えゆく泡沫を果てしなく生み続ける川の生む力も合わせ見ている。消えゆくことは、途切れない流れにおいてのことなのである。

「自分が死ねば自分と共に自分の死もなくなるという自己把捉、および死の把捉」においては、「生死を超える道、生死を脱した場への通路というようなものはまったく塞がれている」。なぜなら有限性を有限的に捉えること自身が、表象性という抽象化のもとに足元をすくわれて、眼は眼を見ないことを忘却しているからである。したがって、「その通路が存在しないのではなくて、人が自らそれを塞ぎ、自らそれを忘却しているのである」ということになる。〉

人間の本質は、人間存在の窮極の処においては、もはやたんに「人間的」ではない。……人間的という限定を脱した、いわば裸の世界—内—存在そのものである。「人間」として世界のうちに有るというより一層本質的に、ただ「世界のうちに有る」ということの端的である。……併しながら、ここで今まで言われて来た脱自的な超越は、あくまで世界の内での存在がその存在自身の底を突くことである。それはその限りあくまでなお世界内在的である。……それは「世界」からの超脱ではない。「三界」を出離することではない。むしろそれは却って、世界のうちに有るということの窮極相、世界のうちの有りとあらゆるものの存在の本質相が開示されることである。その本質相がさきに言ったように果てしない有限性、「輪廻」としての生死ということであった。……それはいわゆる絶望の境位である、……懐疑は理性の次元での事柄であるが、絶望は超越の次元の事柄であり、開かれた虚無における存在そのものの相である（一九七—一九八）。

「業」という時間の有限性の無限性に生きるということは、「世界」からの「超脱」、「欲界（欲望に捕らわれた世界）・色界（物質性からなる世界）・無色界（欲や物から自由でも、なお心の迷いから脱することのない世界）」という「三界」からの「出離」とは異なって、この世に有ることの徹底性を意味する。しかしそういう徹底性が、同時に「三界」からの「出離」となるような生でなければ、人は救われない。消えゆく無常を消し去るところには、人として人の住む場所はないからである。

「業」という言葉で示される人間の有り方は、「人間存在」であるということ、そのことに的中しており、それなしには人間は人間ではなくなる。この世という世界を超脱していないということにおいて、人間は人間として有りうる、そういう意味でどこまでも「世界・内・存在」である。ただその「世界内存在」という人間の「存在」の窮極は、「人間として」という枠を破って、他のすべての事物と同様に、ただ「世界」の「内」に「ある」ということ自体にあって、そういう有り方は、世界の一切の事物に共通した事柄である。人間や物の具体相において、輪廻という虚無が開かれ、この開かれた虚無の自覚が、「松は松」、「竹は竹」、「人は人」、「私は私」のほかにない、というところに落ち着く。

肝要なことは、そういう開かれた虚無における存在相が、「空」という事態と切り離されないところにある、ということである。

恰（あたか）も地球が太陽の周囲を回り太陽系がまた或る中心をめぐって運動し、そして仮りにそのような関係が限りなく考えられるとすれば、地球は一々の今において其等の運動をすべて同時的になしているといえるように、〈仏教で無始爾来といわれる〉かの場合でも同様である。……かの場合には、時間は、諸体系が同時的であることによって円環的であり、且つそれらが同時的である一々の今の連続において直線的である。それは単純に直線的ではなく、円環的にして直線的である。そして円環的な時間体系が限りなく考えられるということは、時間の底に無限な開けが考えられるということである。それは如何なる体系的完結にも属さない虚空の如き開けである。一々の今はかかる開けをその底にもつことによって、始めと終わりをもつ重畳的な諸体系に属しつつも、それ自身一々に新たなもの、如何なる意味でも反復を許さぬものとなり、従って真の意味で刹那に滅し刹那に生ずるものとなる。即ち真の意味で無常なるものとなる。そしてこのような性質の「今」の系列として、底に無限の開けをもって考えられる時間は、始めも終わりもない時間と考えられざるを得ない。……然もこの「新」ということと「無常」ということは、「時」において切り離しがたく結びついている（二三九―二四〇）。

今ここで、たとえば私はイエスや親鸞と出会いうるというような、時における同時存在性が時の円環性を示す。同時に、時は一瞬一瞬に消えゆく、「今／今／今」の非連続の連続生起として、直線的であり、時間の可逆性は否定される。時は、一方において円環的であることにおいて、時は流れない、他方直線的であることにおいて、はてしなく流れて過去にもどることはない。そういう矛盾する時の底に重なって、「無限の開け」、すなわち時間の元である「初め」が開かれている。そのつど二度と生じない瞬間としての「今」の絶対的無常性が、「今／今／今」において「新(あら)」た、という「創造性」を可能にしている。

「「新」ということと「無常」ということは、「時」において切り離しがたく結びついている」、つまり無常であるということにおいてその都度に新たである。その「新」が、無常でありながら「そのつど」に永遠性を担うのは、時の初めに「そのつど」が立つからである。時を生み、生を生むという、生の創造性が「今」に荷電されているゆえに、新たに生まれたものが消えゆきながら永遠の命を生きることになる。無常と永遠性とが一つに結ぶという「離れ業」は、「生死において」しかも「生死を離れる」という「時の場」においてのみ起こる「事」であろう。

その実存は恒に時のうちに有りつつ恒に時の始めにある。……「時」そのものの初めは、あらゆる過去よりも以前である。同様にまた、あらゆる時間的な未来よりも以後である。如何に遥かな過去の出来事、如何に遠い未来の出来事も、この「時」そのものの初めのもとに集められている。それらはすべてそこに集められたものとしてのみ成り立つのである。……生死即涅槃という立場においては、その無限なる有限性も、脱落身心の実存のもとを離れないのである。それはその実存が生死のうちにあって生死を離れているからである。その実存は恒にあらゆる時において、その時が時熟してくる初め、「時」そのものの初めに立つ故に、生死を離れているのである（二一七―二一八）。

時のうちにあって時を離れているという「離れ業」は、「今」がつねに「「時」そのものの初めに立」って「今」だからである。先にも述べたように、一人一人、一つ一つの存在は、宇宙の初めからの時間をそれぞれ生きることで創造されている。瞬間瞬間に消えゆくことにおいて、そのつど命の初めが反復されうる。今が、「「時」そのものの初めに立つゆえに」、「生死を離れている」ということになりうるのである。今ここにある、ということは、「「時」そのものの初めのもとに集められている。それらはすべてそこに集められたものとしてのみ成り立つ」からである。

〈「新」というあり方における「有」と「時」、「無常」における「無」と「時」、のように、「時」は「有」にして「無」という二重性のもとにあり、また「時」の底の無限の開けも二義的である〉一言でいえば、それは虚無をも本来的意味での「空」をも意味し得る。……かかる根本的に相反する意義が同時的に可能であるところに、「時」の真相がある。「時」が本質的に二義的であることは、「時」が本質的に根本的転換の場、「回心」とか「転識」とかの場だということである（二四四）。

「虚無」であるということを貫く絶対の無が、同時に物が物それ自身として有ることを意味する「空」ということと重なる、という絶対矛盾的事態が、「時の真相」である。そもそも場所と場所とが重なり合いうるのは、「場所」が「空性」を本質とするゆえである。重なり合うという二重性は、真と仮、実在と現象、永遠と瞬間、不易と流行、等々の「相即性」を可能としている。

この二重性の相即性の具体が、「時」を生きるという事柄である。時を生きるとは、時が「本質的に根本的転換の場」であるゆえに、「生死すること」が「そのまま生死を離れる」、すなわち「生死即涅槃」という存在の転換の生を自己の生とする機関の場とする、ということにほかならない。時を生きるという生きることの具体は、存在の転換の具現に窮極する。

総じて永遠性とか超越とかの場が何時も現在のもとでのみ開かれると言ったのは、永遠性とか超越とかいわれることが、真実には我々自身の「こと」としてしか問われ得ず、また開かれもしないということである。虚無とか死とかの場合でもそのことは変わらない。……世界のもとから永遠性が我々自身の死として現前してくるということが、我々の現存在における実存的な自覚ともなるのである（二五三）。

時を生きる具体は、自己自身の「こと」という足元にこそある。まさに「自己」という場において、流れる時間と流れない時間、すべての存在の重なり合い、すなわち時空の「今ここ」が現成している。したがって「無常と永遠」と「世界」の問題は、その内実としては、「自己」の問題という事柄である。「無常と永遠」が問題になるということ自体が、自己が世界に生きる、という問題そのものなのである。自己の生死、という事柄が、真に問題になるところでのみ、「存在しているとはどのようなことか」、「私たちが住む世界はどのような有り方をしているのか」が切実な問いとなる。

「色即是空」と諦念されれば、この世の苦しみから解放される、とか、「空即是色」と思われればこの世を受け入れて生きられる、ということも重要であるが、そこに止まっているかぎり、なお根本的な生の「悲苦」が抜き取られるわけではない。いわば「悲苦」の根は、なお残ったままになるからである。死んでゆくという徹底した虚無の核心において、いわば自己が錐になって、死が自覚される。

人間が人間である特性は、知性の力によって、自らの有り方を作り出すことができる、というところにある。「主体的に生きる」ということは、したがって知の力と一つに結びついている。

たとえば本居宣長は、たんに「もののあはれ」と言うのではなく、「もののあはれをしる」と言っている。魂が感くことを意味する「あはれ」は、生物ならすべてに共有している心の動きであろう。しかし人は、「あはれ」を「しる」ことによって、他の生物には経験できない、自己や他者や自然にたいする情意を深く「思う」ことになる。宣長は、『玉かつま』において、「かむがへ（考え）」は「むかへ（迎）」の意味であると述べている。小林秀雄は、それを受けてその著『本居宣長』において、「むかふ」は「身交ふ」のことであるから、「交わり」の意味であり、「交わりを思ひ明らめる」ことであると述べている。他をむかえ、出会う、ということが、「考える」こと、「思う」ことの核心にある、ということであろう。考え思うとは、言葉においてとらえることであり、そのことで出会われたものが明らかになること、である。「知る」とは、考え思い、言葉に捉える、ということであれば、「もののあはれをしる」とは、感動をもたらすものと身を交わらせて、言葉に発する（言葉の源態は「はなす（話す）」ことである）ことであろう。言葉に発することで、つまり「はなす（話す）」ことで、ここでの文脈で言えば、輪廻の悲苦は「手ばなされる（放される）」。日本語の「はなす」は、話す、であり、放す、の意味でもある。知ることによって、ものと深く交わり、ものを明らかにすることで、その出会いの感動を「はなす」ということが、人の主体的な働きとして遂行される。心魂がうごくところにはたらく「感」を「しる」ということにおいて、世界と一つになった真の主体性は形成されうる。

主体性の形成は「自己が自己において自己を知る」という自覚知ぬきに成り立たず、右に述べたような知るという働きである「自覚」の成就と一つの事柄となる。輪廻が業という悲苦をもたらすところに、実存的な有り方があり、業を「しる」ことによって、その悲苦が手放される、というところまで含んで、「実存的自覚」となり、その自覚において主体性は貫徹される。悲苦の核心にある「死」が自身の事柄として、世界のもとから現前してくるところに成立している実存は、自覚的実存であり、実存的自覚である。

西谷の弟子である上田閑照は、「自己は自己なくして自己である」という事を徹底して解明している。「自己なくして」から「自己である」という自己への翻りが起こるところは、自己の実存の場においての事柄でなければならない。実存的翻りであることにおいて、真のリアライズ（現成即会得）が成り立つ。西谷は、この「実存的自覚」について次のように述べている。「「自己は「自己」ではない（無我である）というだけではなく、自己は自己ではない故に自己である、ということでなければならぬ。……自己は自己ではない（無我である）故に自己であるという翻りにおいて、初めて真の無我の立場が現れるのである。その翻りは、自己が無我からの性起としてリアライズ（現成即会得）されるという実存的自覚に外ならない。」自己から自己へ還る、という実存と一つになった自覚には、業を「しる」という内実が住んでいて、その内実が主体性の底となっている。

始めをもたないということは、考えられるあらゆる可能な過去よりも更に過去なる以前があるということである。終わりがないとは、あらゆる可能な未来においてもなお未来であるような以後があるということである。然もそのあらゆるものの以前と以後とが、各人の現在にあり、各人の現在はそれによって自由で創造的なはたらきなのである。……かかる不断の生成転化を現成せしめる業は、そのことにおいて同時に何時も業の「もと」に帰り、現在の「もと」へ戻る。即ち、虚無の開けへその都度自らを開き、脱自的な超越を保つ。そのことは自己が何時も自己自身であることである。私は私の業において私の存在を不断に生成すなわち有として成り立たしめながら、然もその業にもとにおいて何時も私自身のもとにあり、私自身である。時のうちでの不断の生成転化が何時も「私の」存在であるのはその故である。業は何時も「私の」業である。そしてそのことは、それが自由な業だということである。即ち虚無への脱自的な超越を含むということである（二七〇）。

時間の直線性が円環性と重なる「時」は、「各人の自己」つまり「各人の現在」となる。この世の悲苦を追い続けざるをえない「業」は、その元において「いつも私自身のもとにあり、私自身である」ことにおいて、「虚無への脱自的な超越を含む」。業のただ中において、業を包むものがある。悲哀のただ中において、悲哀を悲哀するものが悲哀の底に映る。

すべてを「自我」においてわがものとする執着が、業の元にある。業の根を断ち切ることによるほか、業から解放されない。しかし、業の元に何があるのか、その根を断ち切るということはどういうことなのかを、深く思わねばならない。

我々が「ある」こと又「なす」ことの根柢に、或いは我々の現存在のもとに、無限な衝動が自覚され、その衝動の源である「もと」にはいわば無限な自己―内―閉鎖性、自己中心性（トインビーのいわゆるself-centredness）が自覚される。かかる根源的な自己―内―閉鎖性、限りない業作の源としての自己中心性を、古人は「無明」ないしは「根本無明」として捉えたのである（二六六）。

自己意識による自己の自縄自縛ということについてふれたが、ここではさらにそのような意識の働きの元に、

「限りない業作の源としての自己中心性」があるという「根源的自己内閉鎖性」が指摘される。その自己中心性の有り方は古来から「無明（むみょう）」と呼ばれてきた。仏陀とは「覚者」の意味であり、真実を明らかに覚ることによって人は救われる、すなわち「無明」が「勝明（しょうみょう）」へと開かれることによって救いが成就する、というのは、基本的な仏教理解である。西谷は、そこに「空」という「ところ」を映すことで、自己の根源的有り方を見届ける。

生きるということは、まず自己を維持することによって果たされる。したがって生は、「一つの無限衝動として、つまり我々自身の内から我々を限りなく駆り立てるものとして、自覚に上ってくる」。命あるものはすべて死を迎えるという生の有限性が、無限衝動を呼び出す。有限の無限性は、「無限な重荷として我々の存在にのしかかってくる」、「無限な衝動が我々を駆り立てて休ませぬ」のだが、西谷はその有限の無限性において、「我々のうちなる可能性の限りなさ、その可能性の無制限性」を見る。「空即是色」、つまり「色」（存在）の元（即）に「空」がある、有限を否定して無限へ、ということではなく、有限と無限の二重性こそ見るべき事柄なのである。

有限性と無限性の元は、私たちの自己の足下にある。くりかえし述べたように、自己の足元に、「あらゆるものの「有」が一つに集められる」、それは自己を「世界の中心に化する」ということである。自己はその足元に虚空をふまえる、虚無のうちに聳（そび）える弧峰のような有り方で立つ。しかもその足元には、世界のすべてのものとの連関が開けている。そこにある「孤独」（solitude）は、「絶対的自己内閉鎖性」を本質とする「深淵的孤独」であるが、他との連関を持たない「孤立」（loneliness）ではない。ここでの、自己が自己であるという自己中心性は、その中心に世界関連が現成している。それゆえ「それは、世界のうちにある存在としては、もっとも深く他のすべてと通じ合う地平における自己―内―閉鎖性である」、そのゆえに「そこにおいて業は罪という性格を含んでくる」。自己の業は、世界との関連ぬきにないゆえに、他者との関係性を含む「罪」という本質を有する。

「私のいろいろな働きはいつも全体的な連関の無始以来の波動と一つになって、いわばその全波動の一焦点として現成している」ゆえに、ここでの自己中心性は、世界との関連性を主に見れば、同時に他者中心性となる。ここでの業は、どこまでも自己の業でありながら、他者とのかかわりの中にあることで、罪という有り方になる。業は罪となることで、業の転換が、ほんとうの意味で業の根を澄ませ、罪を済ませ、この世に住むということを可能にする（日本語の「すむ」は、「澄む・済む・住む」の意となる。濁った水の汚れが沈下して水が澄む、住むとはそのような状態となることで、汚れが済ませられて、ほんとうに住む、つまり居る、存在することが果たされる）。

罪の済んだ生き方になると、「課せられた労苦が、課せられた労苦のままで根源的に自発化されること」になり、「なす」ことが「遊び」に化す。「我々のなすはたらきはすべて真に負い目の償却となり、かつ真に負い目の負荷となる」、負い目の償却と負荷とが「相即」する、ということは、「時」における虚無と空との相即という有り方の反映である。この「即」の有り方は、「遊」という「自受用三昧」と言ってよいであろう。

「自受用（自が自を受容する働き）」、すなわち自己が自己である、ということに、「三昧」（サンスクリット語のサマーディの音写で、漢訳では「定」「正受」とされる）、すなわちその一事に集中してあること、を意味する「自受用三昧」を、道元は、「阿耨菩提（無上の智恵・覚り）」を得る「妙術」とし、それは「ほとけ仏にさづけて（自受用）よこしまなることなき（三昧）」有り方であって、「この三昧に遊化する」ことが「坐禅」であると述べている（『正法眼蔵』「弁道話」）。

「三昧」ということ自身が、何かのために他に向かうのではなく、それ自身に集中している「遊（何かを為すことが真の「あそび」となるのは、何かを得るために為すのではなく、行為が自己目的化して、為すことそれ自身が楽しみとなることによる）」の有り方であるが、その「遊」を強調して「三昧に遊化する」と道元は述べている。

自己は自己にとって他者性を有する（自分のことでありながら、自分は自分にとっていつも何をしでかすか分からない謎である）。「自」のうちには、つねに「他」が映っている。そうでなければ「自」でありえない。したがって「自受用三味」は、「自」が他を「受」ける働き（「用」）に三昧する、という意味にもとれる。自己であるのは、他を受けることによる、つまり世界連関において自他との相互作用による。自他の相即において、自他の回互が成り立って、自己中心性は他者中心性と相即する、その相即の「用」に「遊ぶ」ところに、人間の最後の有り方がある。

「時」において、「有る」ことの窮極の姿である「遊」が映るところに、「苦界」という消失しえない悲苦が消失しえないゆえに「即浄土」となるという、息をのむ隙間のない「即」のところに、空が開けて、無住における安住が成る。西谷が青春時代の危機を脱したときの「自分は自分だ」という自覚は、ここで述べた「自受用三昧」ということに通じてゆくものであっただろう。

回互的体系として「一切が一つ」である如き世界のうちで、個々のものがそれぞれありのままに、リアルに現成しているという事態は、その本来相においては、仏教でいわゆる如々とか真如ということに外ならないが、その真如が真如である場は、恒に「おのれの如く」と一つにのみ開かれるのである。……「鳥飛んで鳥の如し」の「如」が真如であり、鳥が飛んでいる事実そのものであると同時に如実なる知でもあると語った。その同じ空の場においては、すなわち自愛の絶対否定においては、今やその「如」は「おのれの如く」の「如」でもある（三〇八）。

「ありのままにある」という「真如」は、「自受用三昧」とか「自然法爾」とも言われてきたことに通じるが、西谷は、「その真如が真如である場は、つねに「おのれの如く」と一つにのみ開かれるのである」、と西谷哲学的に一歩を進めている。「根源的主体性」、つまり「自己とはだれか」という問いに立ち続けた西谷において、イエスの「おのれの如く隣人を愛せ」をもふまえて、東西の思想の底に達した「空の立場」が、このように語られる。

空の場において、ものがリアルに、あるがままの本来相において存在していることが、「如如（真如）」ということとである。そこではあらゆるものが、己を空しくすることにおいて、それ自身である。「自己ならずして自己」である。自愛が否定されて他者が主となる底には、「自己ならずして」が元にある。空の場において真と仮の相違が消えることによって、「如し（映し）」が「真如（事実そのもの）」であるように、他者を愛することは「己を愛する如く」となる。その空の場は、「おのれの如く」とひとつに開かれる。

そこでは、自己と他者、ものとものは、「如如」としてなお「自は自、他は他」であるゆえに、出会いの場ではいわば出会いの「丁々発止」の響きが鳴っているであろう。杜甫は、「春山無伴独相求　伐木丁丁山更幽」（春山に伴無く独りで友を求めゆく。木を伐る丁丁という音が響いて山はさらに静けさを深める）、と詠っている。良寛にも、「観音二首」と題する漢詩があり、「風定花猶落　鳥啼山更幽　観音妙智力　咄」（風がやんでいるにもかかわらず、花がなお散る。鳥啼いてさらに山は静けさを深める。慈悲行の出て来る観音の妙智力よ。咄）、と書き記している。山の静寂が響くのは、鳥が啼くところにある。花の散る無常は、風無きと呼応する。空の場ではすべてが「如如」であるゆえに、鳥啼き、花散り、山に音がある。そこはいわば「如如にして丁丁」という風光である。ついで本書では、このような世界の有りようを、「禅の立場」に徹底して見た西谷の考察を追い、さらにその風光が「詩」になるということは、どのような事態かを追ってゆく。

第三章 「非宗教非哲学」の立つ処

第一節 「空（くう）」と「自己」と「自然」

「禅」の立場が本質的に「般若（知）」と切り離せないところに、「哲学」に根源的にかかわるところがあり、「哲学」も「汝自身を知れ」というソクラテスに淵源するところに本源をみるなら、禅の「己事究明」と深くかかわる。この自己存在の根本を、「禅にあらずして禅」というところに極めてゆくのが、次に取り上げる西谷の論文である。「仏教」の立場は、次のように極められて行く。すなわち、「霊知（絶対理性）」の問題性を見たうえで、「霊知」を破った、「百尺竿頭」に至った無の立場、それをさらに放下した「虚空が破れた」ところが究明され、なお「光の未発」なる「処」が問題とされ、何ものも無い「空」が個々のものが如実にある「自然（じねん）」の「処」と展開される。この最後の「処」は、哲学も宗教すらも、それぞれが「哲学の立場」に立ち、あるいは「宗教の立場」に立っている限り、開かれつくせない。

(一)「霊知」の立場の根本的問題性──「己事究明」の徹底へ

この節では、『禅の立場　宗教論集Ⅱ』(『西谷啓治著作集　第十一巻』創元社、一九八七年)のなかの論文、「禅に於ける「法」と「人」」を取り上げる。この論文は、九〇〇ページ余におよぶ、久松真一・西谷啓治編『禅の本質と人間の真理』(創文社、一九六九年)に載せられたもので、西谷論文は巻末論文である。久松は「巻頭言」において、「人間の究極の真理であるような禅はどのような禅か、またそういう禅の自覚であるような人間像はいかなるものでなければならぬか」ということをめぐる論集であると述べている。

禅を通して自覚された本来の人間の有り方というこの著作のテーマを、西谷論文は究明し尽している。その究明において驚くべきは、「空」がすべての存在が共に生起する「開け」の「場」と解明され、場の開けが目覚めによって開かれる自己の「自覚」の事柄と一つに明らかにされるところにある。そのことをふまえてさらに、「自己」は、「自覚」という「自知」の「覚知」において成立し、自ずから(おの)にして(自由自在)自ら然る(みずかしか)(天然)ということを本質とする「自然」にその根元が見いだされる。

本節において、凝縮して述べられた内容を解きほぐしてゆくが、難解にして長論文である。仔細にその論述を追うには、多くの思索の言葉が必要となる。問題の本質を分かりやすくということを念頭に、ここでは論述の尾根をたどってゆくほかない。

まず哲学と禅との関係と、禅における「己事究明」の問題である。

釈迦は、死ぬ前に弟子達に向って、自分の死後は「法」を燈明とせよ、また「自己」を燈明とせよ、と指示した……行道的な「思惟」の道を歩んだ……「法」の悟得が「人」の自覚を意味し、人の自覚が法の悟りを意味するような立場であった。そこには、始めから「行」と共に「知」が本質的契機をなしている。……法と人とが交徹し照応する大きな行知としての自知ともいうべきものである（以下すべて「第十一巻」からの引用、ページ数のみ示す、八六―八七）。

この言葉は、論文のほぼ冒頭のもので、論題の核心に導くものである。仏教の創始者釈迦自身が、「自燈明、法燈明」の道を歩んだことに、まず注目が向けられる。「法」を燈明にするということは、釈迦自身を含めて、超越的絶対者を信仰の対象にするような宗教の有り方を塞ぎ拒否することを意味する。

絶対者を見出し、それを自己を含めた全存在の根拠とする、ということが、どの宗教においても共通した信仰の有り方である、と思われている。ところがそういう信仰の有り方こそがまったく根本問題であることを示すことが、この論文の出発点である。自己の外に絶対的根拠を求めることの有り方（歩む方向に肩が向くが、何処に「かた」（方・肩）を向けて、どのような形で歩むか）が、問題の出発点である。外に超越的絶対者という存在者を立てることは、いわゆる「自我」の立場を脱却することになるが、たんにそのことにのみ留まれば、他への絶対依存による自己喪失になり、また逆に自己を絶対者と二重写しにする自己膨張、すなわち「我慢」を招く（現在日常に使われる「我慢」は仏教では、我が思いあがることをほんらい意味し、我が膨張するという意味である）。超越者と言われることの「超越性」ということが、どのような事柄であるかが究明されねばならず、その究明は、存在の根拠となっている「法」というものの有り方に求められねばならない。

「形相」といわれる「形（Form）」をもつことによって、物は存在することができる。何ものでもないものとしては、物は存在できない、その「何」にあたるものが「形相」である。そのような「形相」の全体が「法」といわれるといってよいであろう。

「法」の有り方は、「知」に内属している。ほんとうの意味での「知る」ということは、主観を立てて客観を知るという対象的知を成り立たせている「非対象的知」（このことはまた後にふれる）に含まれる有り方にあり、その「非知」にはすべての存在を可能にしている「法」の働きがある。法は「知」によって成り立つ。「非知」（対象知に非ず、という知、したがってそれ自身を知るという仕方でしか知られない知、つまり自覚知）には、対象化されない、「自己がある」という自己存在の「事実」が映っている。

「法」は「法則」と言われるときのように「真理」の意味で解されるが、「諸法無我」と言われるときの「法」は、現象する存在や出来事の意味である。「法」が、真理であると同時に存在を意味する。存在と真理が切り離せなく一つにあると見るところに、仏教の基本的特色となるものの見方がある、と考えられる。すなわち、「知」に「法」が映っているゆえに、ほんとうの「知」といえるが、ここではその知は「存在している知」であって、知（知る）と存在（ある）は分かれていない。存在と知を一つに見る見方は、哲学という「考える」ということを本質とする試みに、自ずから通じる。

ところで、真実な知は、たんに客観的な知ではなく、「冷暖自知」といわれるように、体感・体得されるところに存在する。そのように、非対象知の知は、非対象性を本質とする「自己」に体現される。したがってどこに「真理・真実」を求めるかといえば、それは「自己」の根元に向かって、ということになる。それゆえ「自らを燈とすることは、他に燈を求める代わりに自己自身の内へ向って真実を求める方向を指示した」ことを意味する。

「法」の悟得が「人」の自覚」となるのは、このような事態に立っているからである。そのような事態を根本にするところに、本質的な意味において、仏教が哲学的な性格を含む、と言えるところが出てくる。「人」の有り方に、法の悟得が含まれるからである。しかもその哲理は、たんなる「理」ではなく自己の「事理」を究明せしめるものである。ここで「人」とは、とりもなおさず「自己」のことである。禅の根本精神である「己事究明」と、哲学の試みが一つながりになる面が、ここに見られる。

「法」と「自己」とを燈明とする探究ということが、「法と人とが交徹し照応する大きな行知としての自知」の道と見ているところの究明であるとするところに、西谷の卓見がある。すなわち、それは、「法理」（存在にして法則）が「自己」と交徹し照応するところ、つまり自己が行じている「行道」において貫かれている「理知」に焦点があてられている点にある。「理法に於ける真としての「真理」、或いは事実に於ける真としての「真実」（要するに「理」の立場と「事」の立場）に分裂している「真」の所在の究明は、結局、人間の本質に於ける核心的なものとしての「自己」の究明に帰着する」、すなわち「己事」は、「理」と「事」の結ぶ「真」の「究明」の事柄となる。

そこで「理法」は、自己成立の根底にある「絶対理性」によって見られ、成り立つと、まず考えられるが、そこに大きな問題が含まれている。

絶対理性は、人間に於ける純粋理性的な知はもとより、経験的な知すらの根源なのであり、それ故にまた人間は、自己の経験知を入口として、理性を通して絶対的理性にまで帰り得るのである。そのことは人間的psychē（心）が「世界」をも包む普遍性の場に到達したことであり、そういう心自身の自証である。換言すれば、一切が流転し無常である感性界を高く超えて、永遠なる叡智界の中心にわが本来の故郷を見出した「自己」の自覚の立場である（一〇〇—一〇一）。

「絶対理性」と言われているものは、たとえばプラトン以来の西洋哲学の「超感性的な理性の統一者」のことで、それがここで「絶対理性」と言われている。

世界の事象や存在が、「理法」（存在のロゴス、論理）によって支配されている、という世界観は、そのロゴス的なものがどのようなものと考えるかには相違があっても、歴史的にある時期に同時に成立したものの見方である。

キリスト教では、『ヨハネによる福音書』のプロローグにあたる冒頭の言葉において、「初（はじめ）に言（ことば、ロゴス〉があった。言は神と共ともにあった。言は神であった」と言われている。神という存在の原底が「ロゴス」とされる。

また、古代ギリシャの哲学における「イデア」、インドの仏教での「ダルマ（法）」、中国での「道」等は、世界の根拠を「理法」的なものによって捉えようとする共通の見方であって、それらの思想は今日にまで至っている。存在を支える理法的なそれらは存在の本質であり、それを理解する働きも広い意味で「理性」と呼ばれ、人間理性もそのような理法にあずかるものとして、人間理性によって、「絶対的理性にまで帰り得る」と考えられてきた。「有そのものと知そのものとが直ちに一つであるような神的理性」へ帰ることにおいて、「自己の心の内の不死なるもの」が、自己の心の窮極に見出され、自己存在の根源もここに発見される。したがってそれらは、ひとつの「「自己」の自覚の立場」、「己事究明」の道となる。しかしこのような自覚には、きわめて危うい、大きな陥穽が潜んでいる。

無常なる感性的世界の事物の理法も、その存在の根拠は超感性的な叡智界に見られ〈プラトンではイデアが存在の本質であり、現象存在はそのイデアを分有することで存在していると考えられた〉、叡智界そのものがいわゆる「理性」そのものの働きの世界であるとするなら、肉体に縛られている人間がその縛りを逃れて理知の働きをなす「心」（プシュケー）を解放し、叡智界の理法に自己の本源を見出し、「不滅の魂」として自己を自覚する、という階梯は、西欧の形而上学的理性の立場に典型的に見られるものである。しかし仏教においても同様の立場が生じていて、たとえば道元は、その立場を「先尼外道」〈「先尼」は、「セーニャ」という名の者を音写したもので、先尼の説は「外道」である、という意味〉とし徹底批判して退けている。

かの超分別的な霊知〈絶対理性〉の定立、従ってまたかの二元性〈絶対者と相対的存在〉の定立の根拠には、理法に関する分別知性の固執が潜んでいる。常住なる霊知が考えられ、それと生死とが二元的に分け放されたままで表象されるというのは、知性自身の「法執」にその根拠をもっている。そしてこの場合にも、その法執のさらに根底には、分別知性自身の本質に含まれている根源的な自己執着、その根源的な「我執」が潜んでいる。物や境にかかわらぬ如き霊知として立てられたものは、実は分別知性が自らの超越的な根源性を把えたものに外ならぬ。超分別的な域での自覚と見做されたものは、分別知性に超越的な深み、いわゆる「阿頼耶識」乃至は「業識」を瞥見したにすぎない（一一一―一一二）。

われわれのうちに「絶対理性」、いわば「神的理性」があって、究極的にはわたしたちの見たり聞いたり行ったりすることは、この「絶対精神」のもとにある、とするような立場を、先述のように道元は、「先尼外道」の立場としている。『正法眼蔵』の「弁道話」において、道元はつぎのように述べている。

「とふていはく、あるがいはく、生死〈生と死を輪廻すること〉をなげくことなかれ、生死を出離するに、いとすみやかなるみちあり。いはゆる心性の常住なることはりをしるなり〈心の本質は常住不変だから、迷いの世界に輪廻しないという道理を知ることである〉。そのむねたらく、この身体はすでに生あれば、かならず滅にうつされてゆくことありとも、この心性はあへて滅することなし。よく生滅にうつされぬ心性、わが身にあることをしりぬれば、これを本来の性〈本来の本性〉とするがゆえに、身はこれかりのすがたなり、死此生彼さだまりなし。心はこれ常住あり、去来現在かはるべからず。かくのごとくしるを、生死をはなれたりといふなり」。

「心性」なるものが「常住」しており、それが自己の「本来の生」であるゆえ、わが身は生死にかかわらず、「生死をはなれたり」という考えをするのが、「先尼外道」の立場である。この心に常住なる働きは、「霊知」と呼ばれる。「自己のうちに霊知を認めるその心識こそ、却って生死〈生き死にする無常性〉というものの本来の源であり、無明の根本である」と西谷は指摘する。ここで「生死」とは、生と死の「輪廻」のことである。道元は次のように言葉を継いでいる。

「しめしていはく、いまいふところの見、またく仏法にあらず、先尼外道が見なり。……霊性は、この身の滅するとき、もぬけてかしこにうまるるゆゑに、ここに滅すとみゆれども、かしこの生あれば、ながく滅せずして常住なりといふなり〈身は滅んでも、霊は不滅である〉。かの外道が見かくのごとし。／しかあるを、この見をならふて仏法とせん、瓦礫〈瓦や小石〉をにぎりて金宝とおもはんよりもなほおろかなり、癡迷〈無智や迷い〉のはずべき、たとふるにものなし。大唐国の慧忠国師、ふかくいましめたり。いま心常相滅〈心は常住不変で、すがたが消滅する〉の邪険を計して諸仏の妙法にひとしめ、生死の本因をおこして〈生死・迷いの根本原因を引き起こしておきながら〉、生死をはなれたとおもはん、おろかなるにあらずや、もともあはれむべし」。さらに「外道の見をかたる狂人のしたのひびきを、みみにふるることなかれ」とまで言っている。

道元は弁ずる。「寂滅を談ずる門〈身も心も万事滅して、平安な涅槃にあるという教え〉には、諸法みな寂滅なり」、にもかかわらず「なんぞ身滅心常といはん」。仏法の「身心一如」という仏教の根本義に、「霊知常住」は根本的に反するのである。「この一法に身と心とを分別し、生死と涅槃とをわくことあらんや」。「生死をのぞくべき法」は、根本的誤謬だと指摘される。ここから「生死即涅槃」という立場が示されていくことになる。

西谷はそのような外道の立場がなぜ生じるかについて、「理法に関する分別知性の固執」を見ている。さらに「知性自身の「法執」」の底に、「分別知性に超越的な深み、いわゆる「阿頼耶識」」の根があると洞察している。

仏教の「唯識」という考え方では、人間の心識を、まず五感と言われる五つの識（眼・耳・鼻・舌・身、つまり視覚・聴覚・嗅覚・味覚・触覚など）、さらに「意識」という第六識（いわゆる「第六感」）、加えて「末那識・阿頼耶識」に八分類している。第七識、第八識は、深層意識部分とされる。阿頼耶識のアラヤ（alaya）とは住居・場所の意味で、それは個人の心の根本にある認識作用の源と考えられる。西谷はつねに東西の思想のそれぞれの発生場所に立って考察しており、そもそもの意識作用の根に降り立っていることから、西洋哲学の観念論と東洋の霊知論との共通性を見ている。共通性に立っているゆえに、そこから西洋の観念論の問題性が、禅の立場によって浮かび上がる道を開いている。ただし禅が「立場なき立場」にその立場があるゆえに、禅とか東洋的とかという規定された立場から、西欧の哲学の問題を問題にするということには簡単になっていないことに、注意が払われねばならない。「立場」をもたないあり方によって、「立場」が浮かび上がる、そのようなところに立つ「場」が禅には開かれている。問題は、それでは、常住の霊知ではなく、自己の自覚の道はどのように見いだされるかということになる。

そこでは、本来人としての自己自身の現前にも拘わらず、同時にその本来的自己を蔽い隠し忘却せしめるものがある。或いはむしろ、本来的自己の成立そのものが即自的にはそれの隠蔽、それの忘却と一つであり、その一つなるところに意識的自己の成立があるとも言える。それは仏教の教学に於いては、第七識と第八識（末那識と阿頼耶識）の問題として論ぜられた事柄である。……生死を根本から脱却するには、己事究明を通して意識的な自己をそれの根基に遡って脱落せしめることが起らねばならぬ。意識的自己はいわゆる対自性としての「自己」であり、すべて「他」なるものに対して有る相対的な自己である。己事究明は、その相対的な自己が大地に落ちるようにして脱落し、「識」が尽きるということによってのみ、絶対自的な本来人に達し得る（一三二）。

本来の自己という「絶対自」と異なって、自他の相対関係に働く意識的な心の働きに囚われ、生死を脱することのできないところに、「意識的自己」の立場がある。そのような自己が脱落するところに、「己事究明」においてのみ行き着く処がある。「己事」の窮極が「絶対」の「自」であるなら、「自己」の底にしかその処は開かれない。「己事究明」とは、自己の「本来」を求める道を歩むことであるが、それは同時に「自己の底」に開かれてゆくことである。なぜならその道自身が、「己事究明」だからである。そこに開かれる「己事」の「自覚」を継いで追っていく。

(二) 百尺竿頭の人――「一」から「無」へ

新プラトン派を創始した、万物は根源たる一者から出たとする流出説を説くプロティノスが、しばしば取り上げられている。万法、万象は、絶対的一者から流出したものであるから、すべては絶対的一者の光影に輝くが、しかし「まさしくそれ故に、その流出も、一者自身に根本的な転換が起こったということを意味しない」という問題を残す。一者から万物へ、また万物から一者への道は、一者の内の往還であって、「往相に対する還相というような根本的な方向転換」とはいえない。したがって、「己事究明」の道も、「絶対理性」に見出された自己の自覚の立場の根本的転換が求められることになる。

一者との脱自的な瞑合（めいごう）のうちに自己の真実を見出す、ということに止まっていてはならない。それだけでは、自己というものの本来の本質であり、また人間存在の本性でもある自覚性というものの回復に未徹なるところが残るのである。……それは、いわゆる神秘的合一の状態とは根本的に異らねばならない。そして合一から覚へのこの転換は、自存的で対自的な一者、それと一つになるために神秘的合一をしか許さない一者からの転換をも意味しなければならない。有の影をなお帯びるとさきに言ったような、一者の自存的性格は、脱却されねばならない。万法は一に帰す、一はいづれに帰すか、という問いの起こる所以である。その転換は絶対の一か

ら絶対の無への転換である（一一八）。

「一者との脱自的な瞑合のうちに自己の真実を見出す」だけでは、「自覚性というものの回復に未徹なところが残る」、「一者のうちへ自己を失う」からである。また、形を超えた無相〈形相無きもの〉の絶対者であっても、絶対性という形なきものの観念に「対して」いることを自己内に残す限り、「対する」という「客観性の痕跡」、つまり「有の影」を帯びる。

人間が人間である本質に、「知」というものの有り方が含まれている。命あるものにはすべてその存在に、「知」というものが含まれている、たとえば「本能」も「本能知」である。光に向かって植物が芽を伸ばす、ということも植物に最初から含まれた「知」の働きである。したがって知は存在に食い入っている、食い入るというよりさらに知が存在の本質をなしている、とまで言える。人間においては、その知は知を知として自覚する「知」、自己を自己として知ることの上で働く知である。したがって「自覚性というものの回復に未徹なところ」が残れば、なお真の「己事究明」とならない。

「自覚知」という、人間が人間という「存在」であることを「明かし」、「証し」ているところが、人間の有する「自己」の「源底」となる。この自己の源底である「自覚」に達することが、「合一から覚への転換」という事柄である。万法、万象は一者の「一性」にもとづくとしても、その一者の「絶対」が、さらに絶対という「対」を脱し絶することへと転換された「絶対性」となるとき、西谷はそれを「覚」と述べる。

「目覚めている」ときの目に広がる「開け」が、「覚」ということの具体的なイメージとなるであろう。意識から脱自した風景のうちで、その場所にある物は、客観性の影を落とさない。そこでは各自が自己自身でありつつ、自他の壁が透明になっているゆえに、真の交流が成り立つ。客観化し得ないというところ、形なきところに自己の本質がある、そういう意味で「自己」は形なきあり方、つまり「無相」である。さらに客観性と結びついた対象性を脱却した自己は、「無体」である。客観的対象性を脱却した有り方を示現するには、すなわち「無体」を体現するには、「存在（体）の影」を帯びない「覚」によるほかないであろう。「無相」は「無体」であることで、「無対」となる。「一」が「無対」へと転換することで、「覚」がひらけ、各自が各自である、自己が自己であることが「自覚」される。「覚知」への転換によって、「自覚」が徹底する。

なお「万法は一に帰す、一はいづれに帰すか」という問いは、『碧巌録』第四十五則で出てくる。「僧　問云／萬法歸一　一歸何處／老僧　答云／我在青州作一領布衫重七斤（僧問う　万法一に帰す、一何れの所にか帰す　師云く／老僧青州に在って、一領の布衫を作る、重きこと七斤）」。この問答に、ここで問題とされている根本は示されている。すなわち、「一は何處に歸す」は、「一」から「無」へ、ということで、その「無」を示して「一領の布衫を作る」ということである、とされる。「一」から「無」へ、さらに「無」はいずれに帰するか、を西谷に聞いていこう。

真に自己が尽くされるのは、絶対無に於いてである。絶対一から絶対無への転換ということは、理法世界のもつ客観性の痕跡をどこか残したような「絶対」の立場が、自己の主体性の直下で主体性そのものの根底的な開けに転換されることである。絶対無は、自己が自己自身を尽くし去った極限での脱自の場でありながら、しかも自覚に於ける根底的な開けである。その意味で絶対無はそれ自身、自覚知の性格をもつ。……ところでしかし、そのようにして絶対一から絶対無への転換のうちに現われてくる自己、覚体としての絶対無になり切った自己、死して復活した自己、それがまさしく長沙によって百尺竿頭に坐する底の「人」と呼ばれたものに外ならない。その「人」は、そういう大きな覚体の現成として、すでに「得入」した立場である。……しかし問題は、それがまだ「真」ではなく、その「人」が「不動人」に止まり、更に歩を進めることを必要とするということにあった（一一二〇―一一二一）。

長沙景岑（ちょうさけいしん）（生没年不詳）は、南泉普願の法嗣で峻烈な機鋒で知られ、仰山から「岑大虫」（「岑は大虫に似たり」といわれる、「大虫」は虎を意味する）と呼ばれた人物で、『正法眼蔵』の「渓声山色」にも登場する。この巻では、蘇東披（一〇三六―一一〇一）の有名な詩偈、「渓声〈谷の水音〉は便ち是れ広長舌、山色〈山の姿〉は清浄身に非ざること無し、夜来八万四千の偈、他日如何が人に挙似〈挙げて示す〉せん」をめぐって禅の根本の立場が示される。「長沙景岑禅師に、ある僧とふ、「いかにしてか山河大地を転じて自己に帰せしめん」師いはく、「いかにしてか自己を転じて山河大地に帰せしめん」という問答が取り挙げられている〈西谷の居士号「渓声」はこの巻からとられている〉。

「いかにしてか山河大地を転じて自己に帰せしめん」は、万物を一者に基づかせるという問題であり、「いかにしてか自己を転じて山河大地に帰せしめん」は、一はいずれに帰するか、という問いである。「絶対一」は、それ自身「絶対性」の顕現であって、それ自身が真から外れているのではない。しかし「絶対一」に「立つ」ことにおける、なお「一」の「絶対性」の転換が求められる、ということであろう。だから「絶対一」から「絶対無」への転換と言われ、「絶対」が「一」から「無」へと変化するのではなく、絶対自身が、絶対から絶対へと転換される、と言われるのである。掌を表から裏へ返すような事態であろう。「絶対無は、自己が自己自身を尽くし去った極限での脱自の場」なのだから、ここですでに自己の転換が起こっている。しかし「しかも自覚に於ける根底的な開け」という転換が求められるのである。自己が脱自して死に、ふたたび「自己」が生き返ってくる、というような転相がなお求められる。「一」なる「自己」が、世界の「開け」の源底となる、という転換である。

「一」から「無」へと転換を得た立場にあるもの、すなわち「己事究明」を行きつくした「人」が、「得入」した

「百尺竿頭の人」を意味する。しかし長沙はさらに問う。「沙云く、百尺竿頭に坐する底の人、然も得入すと雖も未だ真と為さず、百尺竿頭に須らく歩を進むべし、十方世界是れ全身。僧云く、百尺竿頭如何が歩を進めん。沙云く、朗州の山、澧州の水。僧云く、不会。沙云く、四海五湖王化の裏」（『従容録』第七十九則）。「百尺竿頭に須らく歩を進むべし」と、その到ったところを超えて、すなわち「一」から「無」に至ったところから、さらなる転換が問題とされる。その進み行くところは、「十方世界是れ全身」と示される。僧はそもそも「百尺竿頭に歩を進む」とはいかなることかと問い直す。「朗州の山、澧州の水」が、長沙の応答である。僧には意味が通じない。そこでさらに「四海五湖王化の裏」と示される。この問答をさらに追ってゆく。

(三) 虚空が破れる——無が底割れて底無しとなる

「一」から「無」へと転換し、「覚体としての絶対無になり切った自己」であっても、その「自己性」、「自己」という事柄自身がなお、問いに付される。

見性成仏という悟りの立場は、「天地我と同根、万物我と一体」と言われるような場で心の眼が開くということである。覚体としての絶対無が自己の当体として自覚されると言ったのもそういうことであった。しかし……絶対無の開けとして開かれたその眼を自らの真体とする心がもともと成り立っているかのような表象性の痕を残している。……その限り、覚体としての絶対無の立場、それを自己の当体とする「人」の立場は、百尺竿頭の不動人と言われざるを得ないところがある。……それを脱するには、百尺竿頭の人はそこから更に一歩を進め、絶対無はいわば事々物々の世界、万法・万有のうちに消滅しなければならない。虚空が地に落ちるとか、虚空が破れるとか言われることが起らねばならない。それは無が無としてもなくなり……「見る」眼の跡はすっかり消し去られねばならぬ。……しかしその時には実は眼ということも既に不必要である。黒山下の洞窟から外に出た時、そこに住した鬼の眼は潰れ、眼の光は消えたのであるから、「見る」者は全くなく、眼と言うこともいらない。十方世界が沙門の眼だということは、実は、十方世界が沙門の全身だということなのである。絶対無の立場に立つ自己は、ひとたび十方世界を転じて自己と化せしめたが、ここに至ってその自己は再び転ぜられて十方世界に化せられる（一二三―一二四）。

西谷が取り挙げている、『正法眼蔵』でもしばしばふれられている、長沙（沙門）の説法を、ここで改めて示しておこう。「上堂。我若一向擧揚宗教〈我もしひたすらに宗教を挙揚せば〉、法堂裏須草深一丈〈法堂の裏はすべからく草深きこと一丈〉。我事不獲已〈我、事已むを獲ず〉。所以向汝諸人道〈ゆえに汝諸人に向かって道う〉。盡十方世界是沙門眼〈盡十方世界、是沙門の眼〉。盡十方世界是沙門全身〈盡十方世界、是沙門の全身〉。盡十方世界是自己光明〈盡十方世界、是自己の光明〉。盡十方世界在自己光明裏〈盡十方世界、自己の光明裏に在り〉。盡十方世界無一人不是自己〈盡十方世界、是一人として自己ならずということなし〉。我常向汝諸人道〈我、常に汝諸人に向かって道う〉。三世諸佛共盡法界衆生〈三世諸佛と盡法界の衆生〉。是摩訶般若光〈是、摩訶般若の光〉。光未發時〈光、未だ發せざる時〉。汝等諸人向什麼處委〈汝等諸人、なんのところに向って委せん〉。光未發時〈光、未だ發せざる時〉。尚無仏〈なお仏無し〉。無衆生消息〈衆生の消息無し〉。何処得山河国土来〈いずこに山河国土を得来たる〉」。

①自分がもし宗教を挙揚したら、法堂の裏はすべからく草深きこと一丈、という状態となる。そこで尽十方世界について次のように言う。

②尽十方世界、是は沙門の眼である。

③尽十方世界、是沙門の全身である。
④尽十方世界、是自己の光明である。
⑤尽十方世界は、自己の光明裏に在る。
⑥尽十方世界では、一人として自己ならずということなし。
⑦三世諸仏と尽法界の衆生とは摩訶〈偉大なる〉般若〈智恵〉の光であると、私はいつも言っている。しかし光が未だ生じていない時、仏も衆生もいない。ならばどこに山河国土があるのか。

この上堂語について西谷は、まず「十方世界が一なる眼」の立場は、「絶対無が自己の当体」と同じように見えながら、「眼」の立場、すなわち「表象性の影を残す」、と指摘する。「それを脱するには絶対無は事々物々の世界、万法・万有のうちに消滅しなければならない」、すなわちいわば無が破れて、「無が無としてもなくなり」、表象ということが消えて、事々物々は影を落とすことがない。なぜなら「十方世界が沙門の全身だということ」、つまり「自己は再び転ぜられて十方世界に化せられる」のだから、事々物々は自己自身となるからである。

その自己の有り方は、「自覚」としての自己となる。「是自己の光明である」と言われるのは、自己が一者と瞑するのではなく、「宇宙が沙門の覚体に外ならない」ということである。表象する眼が消えたゆえに、光を感じるという「見る」ということの源体に「透り、通ることで、徹る」当体が、「自己」となる、のである。目覚めた時の世界が光に包まれるときのような明るさの開けが、自己の存在を透過する。事々物々それ自身が光を放ち、自己はその光に透る、という仕方で、十方世界が自己に化し、自己が十方世界に化す、「場」に、合一の「真」の有り方がある。

さらに、「自己の光明裏に在る」と転じられることについて、次のように述べられる。「自己の光明と世界との相即的な一からさらに転回して、自己があくまで自覚的であって世界から超脱するという、自己の対自性の面を挙揚し、かくして自己が世界と一にして二なることを語る。その反面、自己の光明に外ならない盡十方世界は、同時に、自己の光明裏にあるものとしては、盡十方世界自身のきらりとした実在相を現ずるとも言える」。

「自己」と「盡十方世界」が表裏しながら、透明な光の状態である「覚」が、確かな「事実世界」として展開される。そうでなければ、「リアル」ということが宙に浮いたままで、夢遊状態と変わらないことになるであろう。

　したがって、ついで「一人として自己ならずということなし」と言われる。すべての事物が、たとえば一個の林檎が林檎としてある、林檎という自己を享受してある〈まどみちおは、「リンゴ」という詩で、次のようにうたっている。「リンゴを　ひとつ／ここに　おくと　リンゴの／この　大きさは／この　リンゴだけで／いっぱいだリンゴが　ひとつ／ここに　ある／ほかには／なんにも　ない　ああ　ここで／あることと／ないことが／まぶしいように／ぴったりだ」〉。

　もちろん人間の自己も同様である。「その自己は如何なる法・物・人とも雑らないとも言えるし、同時に全ての法・物・人と交わっているものとも言える。それらと億劫相分かれて須臾も離れず、終日膝を交えて刹那も対しない自己とも言えるであろう。その意味で、徹底的に相対的であることに於いて徹底的に絶対的であり、徹底的に絶対的であることに於いて徹底的に相対的であるような立場である。」ここで西谷は、西田幾多郎の「宗教論」を思い浮かべている。それは、次の「仏も衆生もいない。ならばどこに山河国土があるのか」という問いの事柄となる。「有る」という立場に立つということは、底の有るところから脱し得ない。「他のあらゆる相対的なものに対して相対的であるような絶対性を出ない」ことになる。「上に言ったような自覚の立場は、そうした固定した佛の位をも抜け出たものだったのである」と、西谷は長沙の語を読み解く。

(四) 光の未発なるとき――世界が世界する「自然なる場」のひらけ

「自覚の光明の根源」が、さらに問題となる。「自己というものの究明を、徹底の上にも徹底させようとする」のである。「山河国土が有るとは、本来空なる次元では、如何なる意味に於いてであるか」、また「自らを「委する」べき処を覓める我々自身の存在とは、如何なる意味で存在なのか」、という根源的問いに迫られるのである。

〈「委する」とは、「委譲」というようにまかせるゆだねる、また「委悉」というように、くわしい、というような意味を持つ。「未だ光の発していない時、なんのところに向って委せん」とは、光のないところでくわしく知る、とはいかなることとか。その知の根拠は、どこに委ねられているのか、という意味であろう。「委」は「まかせる」とも読み、「信」も「まかす」と読む。ここでの問いは、「信」が、あるいは「宗教」がどこで成り立つかという問題とも受け取れるであろう。〉

宗教の第一義を挙揚すれば、誰も聴き手が無いというのは、無いのがもともと当然なのである。宗教は絶対の立場だから、それをそのまま挙揚する立場自身も絶対の立場である。それは如何なる意味でも自他相対性の痕を残すものであってはならない。……己事究明の禅の立場は、本質的な矛盾を含んだ宗教という問題をあくまで追求して、絶対の立場とその啓示の道を自己存在の上で徹底的に究明しようとするものである（一二九）。

長砂の説法の冒頭は、「我もしひたすらに宗教を挙揚せば法堂の裏はすべからく草深きこと一丈」であった。いかなる相対性の痕をも残さない絶対の立場は、語り手も聴き手もいないのが当然である。法堂には、人なく、草が生い茂るのみとなる。この立場が、最後の「仏も衆生もいない。ならばどこに山河国土があるのか」という問いと対応している。

仏も衆生もいない、大地の光明もない、絶対空において、この問いは「自己自身に帰って求める外ない」という「己事究明」の最深の処への問いとなる。「宗教の核心をなす絶対の立場の本質的な不可説性、不可啓示性と、それと同時に本質的な啓示性の必要性」が、禅における窮極の「己事究明」の道となる。

上の問答で「朗州の山、澧州の水」と答えられた時、その答はかの問いの発せられた処〈「いずこに山河国土を得来たる」〉と同じ処から出たものである。……その処は山河国土がそこから現成してくる処であり、それらが現に有る如く成り立たしめられている処である。さきに言ったように佛も衆生も無く、佛の大智の光も衆生の分別知の光も未だ発せず、自己もあらゆる心と心光を奪われて、衆生でもなく、佛子でもなく、佛法身でもなく、いわば自己ならぬ自己として立つ場である。……その処は、山河自体がそのありのままの如実性に於いて、その存在自体に於いて、会せられる処である。存在するものの本来的な現成の場に立ち返ってのみ、或いはそのもの自体に出会い得る本来空の場に於いてのみ、そのものの存在の真の会得も可能である（一三〇―一三一）。

「山河国土がそこから現成してくる処」は、物が「現に有る如く成り立たしめられている処」であり、同時に自己が「自己ならぬ自己として立つ場」である。自己がそういう場に立つとは、諸物が生まれ出てくる処に相逢し、自己が物を、また自己自身を会得することがなされるということである。〈「会得」とは、逢って得ること、すなわち「経験」することである。西田の純粋経験が、この言葉の背後に浮かぶ。〉

そこは何か特別な場所ではなく、「各人の日常を離れたものではない」。物と自己が如実（有りのまま、具現的、事実的）に有る処だからである。したがって、「存在の有りのままなる自体の会得は、我々の日常茶飯事に含まれている」のである。〈大燈国師が、大応国師から印可を得てのち、約二十年寺に住することなく、日常生活のただ中で乞食行をすることを課せられたが、「日常茶飯事」の「会得」に自己の証跡を消す、ここに禅の真の「向上」の行道がある。一休宗純もこの伝燈に生きた。〉

このことが踏まえられた上で、さらに「四海五湖王化の裏」が取り上げられ、「全く新しい地点に引き上げられ、全く新しい地平と展望」が、開示されることになる。

自己存在に於ける窮極処としての「本来人」の立場、つまり本来的な自己は、そのうちに大なる自然の場を開いている。……そこでは、「あり」と言われるあらゆるものが、それぞれ、そのもの自体として現成している。……一切のものがそれ自体として自然即自由に成り出ているその場は、すべて自然な物をしてその本性に従って、自然的に、有らしめている処として、「自然の自然」ともいうべき大きな自然である。……それは〈「自然の自然」という有り方は〉、論理的にいえば、万物が多即一として、一即多としての本性に従いつつ、すべて全体的に統べられている「一」である。……「一」が「多」との相即から、即ち多様なるものの統一としての一から、一即一としてのそれ自身に帰ることは、一即零、零即一という如き形に於いてでのみ可能である。それは絶対的な有即無、無即有ともいえるが、そこから初めて、一即一と多即多——即ち一切のものがそれぞれ自体として現成していること——とが同時に、或いはむしろ等しい根源性をもって成立し得る（一四一）。

「四海五湖王化の裏」における、「四海五湖」は「尽十方世界」と同義であり、その世界の「王」のもつ主権は世界全体におよび、その主権の「主」は、何ものをも自己のものとなすことのできる「絶対自」といえる。その「自」の「力」は、宗教的には、すべてのものをその本来の存在になさしめるものとして働く。

自己本性の自然に従って生きること、つまり自由の実現は、同時に自然に生きることである。たとえば「水が水であること」を露わしているところに、水の自由があるが、それは水であるという水の自性、自然性の発露でもある。「水は水である」という一見同語反復にみえる表現も、自由即自然、の意味となる。「四海五湖王化の裏」の「裏」とは、本来的な絶対自である自己のうちには、自由にして自然な「大きな自然の場」がひらけている、ということであろう。その場は論理的には、「一即零、零即一」というほかない。

自然の場では、そこに存在するものが相互に何重にも関係しあいながら、それぞれ自己として、しかも一つの世界を成して生成している。自然の場とは、「すべてのものがそこへ一緒に集められつつ相共に、しかもそれぞれ個々に他ならぬそのものとして、成り出て有るようにしているもの」である。自然の場が、そのような開けとしての「世界」であるというのは、「そういう場が開けているという、ただそれだけのことによる」ゆえに、「一即零、零即一」というほかないのである。

〈「世界が世界する」ということは、ハイデガーの「世界」理解とも重ね合わせて考えられるべき問題でもあろう。〉

世界という場の開けが開けていること、世界が「世界する」ことが、すべてを統べることであるとは、換言すれば、世界のうちに有るそれぞれのもの自体のもとで、そのものの自性に於いて、世界の「世界する」が生起していることである。「世界する」はすべて有るものの成り立ちのうちに本質的に、元来的に、共に生起している。（有るものの現成は「世界起」であり、「性起」である。）ありとあらゆるものを有らしめる場、従ってそれ自身は「無」といわるべき場が、その開けの開けていることに於いて「空」の意味をもつとすれば、色即是空、空即是色といわれる場合の「空」とは、すべて有るもの（即ち「色」）の現成に、すべてを統べる世界場の開けが共に生起していることに外ならない。「空」とは、いわば開けの共起である。有るもの自体のもとでの、そういう開けの共起によって、すべてのものは統べられ、開けのうちに集められ、相共に世界のうちに有ることを得るのである。開けの共起と万物の共在という二重の意味に於ける「共に」は、すべてを統べることが、あらゆる種類の意志、自由、力を成り立たしめる根元力、即ちあらゆる力を超えて「無力」なる力、を意味する反面に、あらゆるものを相共に有らしめる慈悲的な意味をもつことを示すといえる（一四四）。

　ものの存在は、その存在の場所なくしてあり得ない。そのものがそのものとして有りのままに存在する、ということが成り立つ、その可能性を根本的に開く働きは、その存在の「場所」の有り方による。「場所に於いてある」という西田哲学独自の表現は、「場のひらけ」を「機」にして、「於いてあるもの」が「性起」する、という事態を表現するものであった、と考えてよいであろう。「於いてある」とは、存在の場がひらいている、したがってそこにものが性起している、ということだと、西田を引き合いに出さなくとも、言うことができる。

「ありとあらゆるものを有らしめる場」という「場」、そこにおいてそれぞれがそれ自身として有るような自得の有であることのできる「場」は、場が存在の有り方を支配するのではなく、そこにおいて有るものの本性を開かせる働きをなすものである。たとえば、春が来て、花が開く。花を見て春を感じ、花のなかに春がある、と思われている。しかし春のなかに、花があるのである。春が、花開く花の本性を性起しているからである。花の裏に春は隠れる、そういう意味で春は「無」である。隠れることで、ものの存在を開かしている。「その開けの開けている」、そいいう「ひらけ」であることが、「開いてる、空いている、明いてる」という「空」の意味となる。

「空いている」（色即是空）ことにおいて、「共に生起している」（空即是色）ということは、「共に」ということを成らしめること、すなわちすべての存在が有る、すなわち共に有るということ、つまり世界全体の「絶対肯定」が現じていることである。「総べて」が現じているところには、「統べる」働きがある。「すべてを統べる絶対肯定の処」

は、大きな「知」の「場」である。「知」は、たとえば「知事」というように、「事を統べる働き」が「知」の意味である。「あることを知る」働きは、そのあることを成し得ることを意味する〈あることをknow to〜することはcan〜の意味になる〉。すなわち、「空とは、有るものすべての現成のうちに、それを統べる世界の開けが共に生起している」ことである。「リアリティのリアリゼーション」が、まさに「知」の真相なのである。

「統べる」が「知」であり、そこに「世界が世界する」事態が開ける。そこは同時に、すべての絶対肯定として「慈悲」の現成の場である。

親鸞は、八六歳の最晩年に書いた「自然法爾章」（『末燈鈔』）において、「自然というは、自はおのずからという。行者のはからいにあらず、しからしむるということばなり。然というはしからしむということば、行者のはからいにあらず、如来のちかいにてあるがゆえに。法爾というは、この如来のおんちかいなるがゆえに、しからしむるを法爾という」と書いている。

「すべてを統べる、あらゆる種類の意志、自由、力を成り立たしめる根元力」とは、すべてをそれ自身であらしめる「自然」の働きであり、親鸞はそこに「如来のおんちかい〈御誓い〉」を見ている。それは親鸞において、如来に由来し、法然によって伝えられた「まこと」であり、「慈悲」そのものの生まれ出る根源である。

汝らは山河国土を何れの処より得て来るかという長沙の問いは、今まで言って来たような「本来人」の立場から発せられたものであった。その問いに真に答え得るためには、すなわち、その問いの出処に根源的に相応し得るためには、問われた者自身も、彼が本来している処に帰らねばならぬ。しかもそれは、先に言ったように、摩訶般若（大智）の光の未発なる時、佛無く衆生の消息も無き処であった。山河国土の現成するもとへ、即ち山河国土の現実がそのまま真実である処へ帰り得るためには、「衆生」はもとより、「佛祖」も越えねばならぬ。

佛の大智の光、況んや衆生の分別知の光の彼方に出でねばならぬ。この絶対的な否定性の立場はしかし、同時に絶対的な自己否定性の立場である。その立場は、衆生としての有り方を越え、法律や倫理に従って社会とか国家とかに生きる自己を越えると同時に、また佛の屋裡にあって佛に親近する自己、乃至は佛法の直接の支配する佛国土に住し、佛の教法の支配する僧伽に所属すら自己すらも越えた立場である。それは佛法僧という三宝への帰依にも止まらない立場として、非僧非俗の立場とも言える（一五四）。

『歎異抄』における、「ただ念仏して弥陀にたすけられまひらすべし」との法然の言葉の真実は、「弥陀の本願」の「まこと」から来ている。弥陀に根源して釈尊、善導、法然へ、そして親鸞へとその「まこと」は、人から人へという仕方でのみ伝わってきた。「このうえは」、「念仏をとりて信じたてまつらんとも、またすてんとも、面々の御はからい」と親鸞は、その「まこと」をとるかどうかの決断を、「面々」に迫り、委ねている。ここでの「まこと」は、外から知られ教えられるものではないからである。

さきに引いた、親鸞八六歳に書かれた「自然法爾章」において、「自然というは、しからしむるということばなり。然というはしからしむということば、如来のちかいにてあるがゆえに」と述べ、続けて「法爾というは、この如来のおんちかいなるがゆえに、しからしむるを法爾という」と述べていた。「おのずからしからしむ」ことが「自然」の意味であり、「しからしむ」ことが「如来のちかい」ゆえに、「法爾」というのであると自己の信の窮極の在り処を告白している。そのものがそのものであるという「自然性（おのずからそのようにある）」のは、「如来のちかいなるがゆえ」である。親鸞は、徹底して論理的に語る。「法爾」であるが「ゆえに」、「自然」なのである。

さらに「無上佛ともうすはかたちもなくまします。かたちのましまさぬゆえに、自然ともうすなり。かたちましますとしめすときには、無上涅槃とはもうさず。かたちもましまさぬようをしらせんとて、はじめて弥陀佛とまふす、とぞききならいて候う」と、「かたちもなくまします」ゆえに、「自然」と述べられ、「ききならいて候う」と言われる。もちろん「法然」に「聞き習った」ということである。

論理的に「自然」が述べられ、その「まこと」は「人」から伝わったものである、とはっきり言われる。まず論理が語られ、その「義なきを義とする論理」の「まこと」が、人から人へ伝えられる実存的自覚においてあることが示される。この「自然法爾章」の最後の言葉は、「この自然のことは、つねにさた〈沙汰〉すべきにはあらざるなり。つねに自然をさたせば、義なきを義とすといふことは、なほ義のあるになるべし」と突き放しがなされる。念仏を取るか捨てるか、「面々の御はからい」と同じ響きが発せられる。この親鸞の響きに立つ処は、「本来人」の立つ処と「等しい」であろう。そこは、長沙の問いに迫られ問われている者自身が立つ「まこと」の根源となる「自然」であろう。

「長沙の問いは、今まで言って来たような「本来人」の立場から発せられたものであった。その問いに真に答え得るためには、すなわち、その問いの出処に根源的に相応し得るためには、問われた者自身も、彼が本来している処に帰らねばならぬ」。その根源の場は、「光の未発なる時」の処であるから、何ものも存在しないという「絶対否定」の場である。したがって「自己」も絶対的に否定される。「絶対的な自己否定性」とは、世俗に生きる自己、法や倫理に生きる自己、宗教において見出された自己をも否定されるということである。それを西谷は、「非僧非俗」のあり方として、「非」という言葉で表現している。そういう立場に応える西谷の哲学も、したがって「非宗教非哲学」という有り方でなければ、そういう「非の場」に対応できないであろう。哲学以前から、哲学をへて、哲学以降へと歩む、そこに貫かれる「西谷哲学」とは、「非宗教非哲学」という有り方においてのみ果たされるであろう。

「非」ということを言葉で説明し教えることはできる、しかし真実に「まこと」が分かることは、親鸞において示されるように、論理とか思想の言葉の次元のことではなく、内から分かるしかないものである。内からの内への導きは、「人と人との出会い」によって、「人」から「人」へという仕方で伝えられ、またそれのみでしか伝えられない。もちろん実際に人と出会う、ということだけでなしに、たとえば西田幾多郎に、夏目漱石に、西谷啓治に、実存的に、出会う、ということは起こる。「まこと」に貫かれているもののうちに、時間と場所を超えて、「出会う」ということが成り立つからである。

ここでの「人」と「人」との応対は、そのまま宗教的な理法の自己展開である。理事無礙法界そのものの自己表現である。更に一歩進んで「本来人」自身の自在の立場からいえば、その全体はいわゆる自受用三昧とその事事無礙法界である。故に、この問答は過去のことではない。自己の本源である「本来人」の立処は、それ自身宗教的でも非宗教的でもなく、哲学的でも非哲学的でもなく、人的でもなく法的でもない本源、佛と衆生、絶対的なるものと相対的なるもの等々の本源として、現在の我々各自の奥底に、また面前に、険崖の如くに現前しているのである。要するに絶対否定の立場はそういう絶対的な自己否定を含んでいる。それが未だ佛なく衆生もないと言われた処であり、然もその処で世界は「世界し」、山河国土が現成する。それは、山河国土やそこに住む一切衆生に、根源的に自らの「有」を保有する立場、すべてを統べつつ、一切のものの有に自らの有を見出し、一切を自らの「所有」とし、そして天使の位に比定された「本来人」の立場である（一五六）。

「本来人の立処」は、「宗教的でも非宗教的でもなく、哲学的でも非哲学的でもな」い、むしろそれゆえに「現在の我々各自の奥底に、また面前に、険崖の如くに現前している」。だから今ここに立つ処において、いつもつねに人との出会いにおいて、自己があることが面目躍如としている。中観の「有にもあらず、非有にもあらず、中道なり」の「中」をさらに開いて、だから有でも無でもある、「非」の「空性」の露現を見徹したところに、西谷の

「非宗教非哲学」は立つ。

一九一六年（大正五年、この年一二月九日、漱石は亡くなった）一〇月二一日に、漱石は次の漢詩を残している。

「吾失天時併失愚　（吾　天を失いし時　併せて愚を失う）
吾今會道道離吾　（吾　今　道を會して　道　吾を離る）」

『碧巌録』の第四十五則では、先ほどから見た「万法は一に帰す、一は何処にか帰す」という問答が問われる。この則の頌の評唱では、「悟り了れば還って未だ悟らざる時に同じ」という句が引かれている。西谷も、次の百丈の言葉を引いている。「經に曰く、佛性見んと欲せば、當に時節因縁を觀ずべし、時節既に至れば、迷うて忽ち悟るが如く、忘れて忽ち憶ふが如し。方に省みれば己物なり、他從り得るにあらず。故に祖師の云く、悟り了れば未悟に同じし、無心にして無法を得ると。只だ是れ虚妄無し、凡聖等しく本來の心を心とす」。

漱石は「天」を失い、同時に「愚」も失う。上下相対が消えた、ということであろう。道を得ることが道を離れる、とは、「悟り了れば未悟に同じ」ということであろう。「悉有仏性（ことごとくの存在は、仏性を有する）」を、道元は「悉有は仏性なり」と読んだが、すべてのものがすでに本来の自己を生きている、それゆえ、「迷うて忽ち悟るが如く、忘れて忽ち憶ふが如し」、迷いと悟りは相即し、「生死則涅槃」ということが成り立つ。「本来人」は、そういうところに立つ。

第二節　詩に映る「無心」

本来人である「自己ひとり」は、「ひとり」ということのうちにあらゆる他と共に在る。ここで究明された自己は、自己の処で、「我と汝」であるがゆえに「我である」、ということであるが、そのような「我と汝」は、どのように表現できるのか。もしたんに表現不可、というだけでは、実在しているということは言えなくなる。「形なきものの形」が、「形なきもの」が実在しているなら、何らかの形で有るはずである。「形なきものの形」であるゆえ、その「形」は、「映す」による「形」と考えられる。

表現（映す）ということ、あるいは「道う（言う）」ということが、どのように成り立っているのかが、「詩の力」という問題として問われることになる。本節では「詩偈」を通してこの問題を追ってみる。哲学と宗教のあいだの藝術というところに、「非哲学非宗教」の問題を見る勘所が潜む。

「自己が自己に於いて自己を見る」と西田は自覚の有りようを語っているが、「映す」とは、鏡もないゆえに像もないところでは、「自己が自己を映す（見る）」という問題となる。

天に輝く月が我が心である、と言ったとき、月は心の象徴と言われている、とふつうは理解されるが、「月、是我が心」、月がそのままで自己の如し（映像）である、という世界を表現するものが、ほんとうの「詩」であろう。西田的に言えば、「物となって見る」ところにある「物の言葉」を語る力が、詩を生んでいる。

（一）人の到り難き峰――「妙峰の頂」の「孤」

続いてこの節では、『西谷啓治著作集　第十二巻』所収の、「詩偈」を取り上げる。第十二巻第一部の「寒山詩」は、もともとの原稿の一部を省略して掲載された『寒山詩』（『世界古典文学全集　第三十六巻　B』、筑摩書房、一九七四年）に、もとの原稿にあった部分を復元して所収されたものである。第二部が、「詩偈」である。「詩偈」はもと、『仏教文学集』（『古典日本文学全集　第十五巻』、筑摩書房、一九六一年）において発表されたものである。

ところで「寒山詩」と言われるが、その「寒山」（人の名であると同時に山であるところに「名」の妙味がある）は謎の人物である。隋のころ天台の山中で乞食生活をしたとされる。竹木石壁に書きちらしたという詩三百余首のみが残る。それらの作品は、唐の中ごろの詩だとも言われ、唐末にその一部が知られ、宋代に入ってほぼ現形となる。そもそも「寒山」が一人なのか、「寒山詩」が複数の人たちによるものなのかも不明である。

西谷は、「『寒山詩』のうちには、純粋に宗教的と言えないもの、むしろ宗教以前的とも言うべきものも多く雑（まざ）っている。それ故、全体の基調は宗教的であるよりも、むしろ詩人的といわねばならない」と述べている。しかし、詩人の場合、その人生の全表現が「詩」に凝縮することを目指すのに対して、寒山の場合、「人間としての本質の自己表現はむしろ解脱への求道というところにある」と見られる。「その詩が成立して来る根本の出どころ、寒山という人間の存在そのものの原点は宗教の領域に属し」、それゆえ「文学一般の範疇に従って取り扱うというだけで済ますことは出来ない」という点が見逃せない。

禅が「宗教非（あら）ざる宗教」であるところにその立場があることについては、しばしば述べて来た。宗教的心境の詩的表現という意味での宗教詩でなく、純粋に詩であることによって、むしろ純粋に宗教的で有り得るような、「文学に非ず、宗教に非ず」という「非文学非宗教」のところに立つ「詩」が、「寒山詩」の出処だとすれば、その出処は禅と重なる。「寒山詩」が、禅において示された「本来人」の立つ処に通じることにおいて成立する「詩」の世界という意味で、「寒山詩」は「禅詩」と言えるであろう。禅の「偈（げ）〈サンスクリット語 gāthā の音写、韻文の形式によって、仏・菩薩の徳をたたえるもの、意訳して「偈頌」、「頌」は徳や功績をたたえる詩文の意味〉」を、「偈頌（げじゅ）」と言わないで、「詩偈（しげ）」と西谷が呼んだ意図もそのことに通じると思われる。

ただし「詩偈」の立つ「詩」の世界は、「本来人」のいる「光の未発なるとき（世界に光が存在する以前、いわば「父母未生」の時）」と同様な、「言葉の未発なるとき」の処である。したがって、言葉なく、まただから言葉のいらない処が、にもかかわらず、その「処」が「言葉に出る」こととなる、という言葉にかかわる新展開がここで問題にされることになる。そのような言葉の展開を、禅の道と重ねてみる見方が、「『寒山詩』というもののなかに、一人の仏教的な求道者の魂の遍歴とでもいうようなものを跡付けるという試み」となった。西谷が「詩偈」を語る底流に、「己事究明」と同じような問題意識があったであろう。

それにしても、詩人が得た体験の気配を漂わせる力は、「詩というもののみがもつ」とすれば、そこにはどのような事態が潜んでいるのだろうか。それは、次章で取り扱う論文「空と即」を導くテーマとなる。『寒山詩』が書かれるおよそ一三年以上前に、『詩偈』は叙述されており、「詩偈」、「寒山詩」、「空と即」等の関連には、大きな問題意識が静かに潜められた深所がある。『寒山詩』については、これはこれで独自に取り扱うことを要請するものがあり、それをこの著において取り扱えないが、そのような底流の端緒を「詩偈」に見届けておきたい。

「詩偈」では、「大応」、「夢窓」、「大燈」、「寂室」の四人の祖師が取り上げられる。「初め大燈国師のものを多く挙げるつもりであったが、二つ三つ解説を試みているうちに紙数が尽き、予定通りにゆかなかったのは遺憾である」と「序」で述べられている。また一休の詩偈にも「宗教的に深刻ないろいろの問題が含まれ……此処ではそれにも充分に触れる余裕がなく、他日の機会に譲らざるを得なかった」とある。

おそらく大燈の詩偈に、取り上げたい問題の中心があったのであろうと考えられる。他の詩偈の原稿数と較べて、ほぼ三倍の分量が与えられている。四人の詩偈の関連性、さらに一休に繫がる問題の行方等、それらは、取り上げたい、また取り上げねばならない事柄であるが、やはりここでは大燈国師に絞ってみておかざるを得ない。

〈「詩偈」を取り上げるにあたって、ここで改めて「禅」について述べておくのが理解の一助になるかと思われる。

日本における禅宗は、道元によって開かれた曹洞宗と、栄西によってもたらされた臨済宗がある（なお中国明朝時代の臨済宗を代表する僧であった隠元隆琦によって黄檗山萬福寺は一六六一年開創された。徳川幕府の政策等により、宗派を黄檗宗と改宗し今日に至っている。すべてが中国式の禅宗であり、黄檗宗を加えれば、日本には禅宗が三宗あることになる）。

仏教の歴史を詳しく述べることはできないが、仏教が釈迦において始まり、紀元前後に大乗仏教が登場する。大乗仏教では、竜樹に始まる中観派、世親によって大成された唯識派や密教があり、インドから中国に伝来して、天台・真言・禅・華厳・浄土その他の宗派がおこり、日本でもこの影響をうけて奈良時代に三論・法相・成実・倶舎・華厳・律などが、平安時代以降は天台・真言・浄土・禅・法華などがおこった。

禅は仏教として釈迦に起源するわけだが、宗派としては、インドから中国に渡った仏教僧、菩提達磨から始まったとされる。達磨を初祖とすれば、二祖が慧可、六祖が慧能で、慧能から中国禅は大きく飛躍することとなった。

「禅」という語は、古代サンスクリットの「ディヤーナ（dhyana）」を漢字で音訳した「禅那」の略ではあるが、「禅」は、禅那、すなわちいわゆる禅定とは異なる。禅の修行は瞑想を深めて為されると思われることが多いが、坐禅のさいには目をつぶるのではなく、半眼でなければならない、とされ、また呼吸を整える、つまりいのちのリズムと身心とを「現識」において調和させて「覚」を得るところに、いわゆる瞑想と異なる試みであることが見られる。

「慧可断臂」と言って、二祖慧可は達磨に入門を請うたが許されず、雪の中に立ち尽くし、左臂（腕）を切り落としてその求道心を示して許された。臂を断って、「弟子心未だ安からず、乞う師安心せしめよ」と訴えた慧可に、達磨は「心を将ち来たれ、汝が為に安んぜん」、と応じた。「心を覓むるに了に不可得なり」と答えた慧可に、達磨は、「汝が為に安心し竟(おわ)んぬ」、と示した話は、「達磨安心」という有名な物語となっている。

禅では後継者が一人から一人へと、伝燈される。五祖の弘忍(ぐにん)が後継者を決めるため偈頌を求めた。後継者と見なされていた神秀(じんしゅう)が、「身は是れ菩提樹、心は明鏡台の如し、時時に勤めて払拭せよ、塵埃(じんあい)を惹(ひ)かしむること勿(なか)れ」と提示した。母との二人暮らしで薪を売って暮らす文字すら書けない貧しい青年であった慧能は、寺に受け入れてもらったが、寺の裏にある米搗(つ)き場での仕事を与えられたのみであった。しかし「菩提本と樹無し、明鏡亦た台に非ず、本来無一物、何れの処にか塵挨を惹かん」、と神秀に対して示して、弘忍により後継を託された。

六世紀頃達磨によって伝えられた禅は、慧能以降中国的思想と情操の基盤の上に、唐の時代に大いに発展した。坐禅による修行は仏教の中に基本的に取り入れられていたが、坐禅を主とする宗派である「禅宗」は、中国において成立したものである。時代が下って宋の時代になると、在俗の信奉者も増大し、禅の本来を伝燈するために、いわば禅の「教科書」とも言える「公案集」が考案された。「公案（英訳では、a paradox in Zen Buddhism、あるいは問答であるのでたんに、dialogue、ないし a paradoxical anecdote）」は「公府の案牘(あんとく)」（公府が是非を判断した文書）がもとの語の意味で、禅宗では、公案集に祖師の言行が編集され、また編者の頌(じゅ)（詩の形式を用いた賛）が付される場合もある。入谷義高は、「古人が開示した悟境は各人各様であって、決して或る一定の究極の消息に帰一できるものではない。それぞれの悟境は、それぞれにその人ならではの独自な個性に裏打ちされて表明されたものばかりである。しかもその表白の仕方は、明示的であることを嫌って暗示的であることが多く、しばしば屈折した隠喩を含ませた表現を借りる。言詮を超えた消息を、沈黙によってでなく、ほかならぬ言語によって表明しようとすれば、けっきょくはこのような詩的シンボリズムを用いるほかはあるまい」（『碧巌録　上』、岩波文庫、一九九二年）、と指摘している。先に述べたように、「偈頌」は「偈」と同じ意味で、「偈」はいわゆる「聖歌の詩句」のことである。「頌」（呉音が「ジュ」、漢音が「ショウ」）は、「功徳を褒称える文」を意味する。しかし「偈」も「頌」も同じ意味の語である。ただ漢詩の形体をとっているゆえに、やはり「詩偈」とするのが、禅宗にこだわらない要素も受け取れて、適切だということができるであろう。偈は、七言で表現され、四句をもって一偈とするものが多い。

「公案」には「体系」があって、大応国師は「すべて公案一千七百なりといえども、山河大地、草木樹林、目に触れ耳に聴くもの、皆公案ならずといふことなし。この宗においていわゆる三重の義あり、理致・機関・向上これなり」と述べている（参照　秋月龍珉『公案』ちくま文庫、二〇〇九年、『白隠』河出文庫、二〇一三年）。「体系」、すなわち公案群には基本原理があって、それに基づいて大きく言って三種の趣旨がある、ということであろう。その趣旨で公案を見ることによって、公案の謎を透過するに役立つ。

大応は、「理致」とは、「諸仏の所説、ならびに祖師の所示の心性等の理語」としている。また秋月龍珉によれば、「機関（dynamism）」は「機用（働き）」のことで、「理致」を覚すればいちおうの「見性体験」となるが、その体験を日常の平常の働きにおいて現成しておらねば悟りに囚われる。「向上」とは、「悟後の修行」、ないし「正念相続」のことを指しているであろう。「向上（non-attachment）」は、「仏向上（仏が仏をも透脱すること）」とも言われるが、「眼横鼻直」（つまり日常のありのまま）、あるいは先にも述べた「悟了同未悟」の世界の事である。大応国師から大燈国師へ直伝された禅は、この「向上」に徹するところにある。なお白隠は、「法身」、「機関」、「言詮」、「難透」、「向上」、「五位」、「十重禁戒」、「末後牢関」とさらに細かに分類している。

宋に渡って、虚堂智愚の法を継いだ大応国師（南浦紹明）に師事して、大燈国師（宗峰妙超）はついに公案を透過、「你はすでに明投暗合す、吾れ你に如かず、吾が宗は你に到って、大いに立し去らん、ただ是二十年長養して、人をして此の証明を知らしめよ」と、大燈の示した偈に書き添えて、印可の印証とした（参照　竹貫元勝『宗峰妙超』ミネルヴァ書房、二〇〇八年）。二〇年におよぶ悟後の修行を遺命されたのである。「聖胎長養」と呼ばれる。一休宗純は、まさにこの悟後の修行を徹底して、生涯を「向上」とする人生を歩んだと思われる。西谷の禅への関心も、この「向上」の徹底解明に向けられている。

花園天皇が、京都五条の橋の付近で風飡水宿（風にさらされて食事をとり、露にぬれながら野宿をする）の生活のなかで、地を這うような人々のもとで修行をする大燈国師を見つけ出してなされたのが、しばしばふれた次の問答である。

大燈国師は、「億劫相別れて須臾も離れず、尽日相対して刹那も対せず。此の理、人々之れ有り、如何なるか是れ恁麽の理ぞ。伏して一言を聞かん」と問いかける。花園上皇（大燈と出会ったときには上皇であった）は、「昨夜三更、露柱、和尚に向って道い了んぬ」（「露柱」は、野ざらしの柱のこと）、と応じる。花園上皇はのちに、「往年先師大燈国師の所に在りて、此の一段の事に於て休歇を得たり」と述べている。道元は、「現成公案」（『正法眼蔵』）のなかで、「悟迹の休歇なるあり、休歇なる悟迹を長長出ならしむ」と述べているが、「悟迹」とは悟りの跡のことなので、それを「休歇（「歇」も休む、の意味）」するとは、悟りを抱えて囚われるところを抜け出る、ということであろう。「休歇なる悟迹を長長出ならしむ」とは、「向上」の修行を指す。まさに、大燈、花園上皇、道元と、さらに一休（一休の「休」は休歇と通じる）という道号を得た一休宗純も、同じ境涯を生きたと言える。

なおさらに一休について、もう一事を記しておきたい。一休の父は、北朝最後の天皇・後小松天皇であったとされる。母は、南朝出身であったため讒言によって、嵯峨野の民家へ追いやられた。そのような経歴を持つ一休は、純潔で禅一徹であった謙翁宗為、謙翁の死後は華叟宗曇のもとで修業した。「祇王寵を失い尼となる」の琵琶をきいて公案が解け、華叟に、「一休」という道号を与えられる（「有漏路より無漏路へ帰る　一休み　雨ふらば降れ　風ふかば吹け」という一休の歌に由来すると言われている）。「一休」は、やはり上に述べた「休歇」に重なると見るべきであろう。

さらに夜、琵琶湖上の舟で、坐禅中に、鴉の声を聞いて大悟した。「闇の夜に　鳴かぬ鴉の声きけば　生まれぬ先の親ぞ恋しき」という詠み人しらずの歌があるが、一休の詩集『狂雲集』の一群の森侍者を詠った漢詩の中に、「鴉を聞いて省有り」と題した詩がある（参照　柳田聖山『一休「狂雲集」の世界』人文書院、一九八〇年）。

母の身の上、『平家物語』の祇王の生涯、そして大阪の住吉神宮で出会った盲目の女性（鼓を打ち、舞を舞い、歌った、芸人あるいは巫女）の生活背景、それらは、私たちのふつうの生活のなかにある出来事と同質である。そういう私たちの日常の人生に、禅の「向上」の道は、どのように示されるのか。人と人との出会い、ことに男女のあり方に通じるものが、「闇夜の鴉の声」ではなかったか。男女の出会いをぬきに人生を語ることはできない。「婆子焼庵」という公案が最終問題の一つとされるが、その公案の真髄を、禅の歴史の中で露骨に打ち出した一休禅は、西谷の詩偈解釈にどのような色を与えたか、興味の尽きないところである。また一休の元には、茶道の祖・村田珠光をはじめ能楽師の金春禅竹、その他の藝術家たちが集まり、親鸞の孫で布教の天才とされる蓮如とも一休は交流があった。〉

『詩偈』では、まず大応が取り上げられる。「獨り危欄に倚って夕陰に到る」（「危欄」は高楼上の欄干）で始まる詩偈が取り上げられ、ここでの「獨り」は絶対的な「ひとり」であり、「自受用三昧」の境涯を意味し、その境涯は、「象徴でもないいわゆる事実でもない」、「全く如実の事実」、「絶対平等の事実そのもの」、「絶対のただこと」のなかにある、と述べられる。西谷が『詩偈』で語ろうとするのはこの「絶対のただこと」である「ひとり」の、「我と汝」の世界である。続いて夢窓、そして大燈が取り上げられる。大燈の詩偈において、この問題が正面から語られる。

本則（公案）が述べられ、それに詩偈を附す、という形式になっている。大燈の最初に取り上げられる詩偈の本則は、保福（名高い禅匠）が手でさして、「只這裡（このところ）即ち是れ妙峰頂」と言った公案である。詩偈の第一句は、「妙峰弧頂　難人到」である。「妙峰」とは、「ひとり」のところであろう。次に四句とも示す。

妙峰孤頂　人到り難し
只だ看る　白雲飛びまた帰ることを
松檜蒼々として幾歳をか歴たる
莫　教　巌畔鳥声稀れなり

四句目について「松や檜が鬱蒼としているが、鳥も稀にしか通はぬ。高い処だからそれも止む得ないが、という気持ちか」、と西谷は註している。

本則は、『碧巌録』の第二十三則、「保福の妙峰頂」にも出てくる公案で、保福と長慶とがともに遊山して、右に述べたように、保福が手で指して、「ただここそがすなわち是、妙峰頂」と言った。長慶は、「是なることは是なるも、おしむべし」と応じた。それを受けて、大燈がこの詩偈を詠った。

「妙峰頂」とは「須弥山（サンスクリット語 Sumeru の音写。妙高山。世界の中心にそびえるという高山）の頂」のことである。つねに妙峰頂にあった徳雲比丘が、不思議にも善財童子と別の峰で相見したという話について、西谷は、白隠の『槐安国語』（大燈国師の語録を評唱したもの）の、「別峰相見の端的」という語を取り上げて、次のように述べている。「「一一皆真、一一皆全」というようなところでの「獨露」或いは「弧頂」、つまり絶対の一ということならば、当然そういうことになる。「弧」は絶対に一つで、しかも両者のそれぞれが「弧」なのである。そしてそういう絶対の「ひとり」と絶対の「ひとり」との出会いがここの問題なのである。勿論そこらの太郎と二郎の出会いも、根本は同じである」。別々の頂において、不思議にも相見がなされる、という「事」に、出会いの真相がある。

西谷は、この「別峰相見の端的」について、それが「妙峰頂が禅的なCommunio（宗教的な交わり）の処」であるとするところに、経典の教理をさらに禅の意味で転換したところがある、と指摘している。保福が「ただ此処こそがすなわち是、妙峰頂」と言ったとき、保福はそこを手で指さした。長慶が「是なることは是なるも、おしむべし」としたのは、それでは、手元と指がさす方が分かれているからであろう（指す方向に「肩（方）」が向いていて、手元と向きが「かた（形）ちがい」となる）。したがって、禅的な転換にいま一歩、という事になる。「問題は、妙峰頂ではなくて、保福が手で指して此処が妙峰頂と言った時のその保福の手もと」（「自己の脚下それ自身」と言ってもよいか）にある、そこが「人の到り難い妙峰弧頂」である。しかしそのことは、どういうことであろうか。

（二）鏡が鏡を写す――映像の空性

鏡が像を映す、という事態の本質は、鏡も像も無いところで「映す」ということはどのようなことであるかが考えられるところに見られる。

第三・四句は、等閑〈唐の詩人・白楽天の「琵琶行」には、「秋月春風等閑に度る」とある〉に此の時の意趣を写そうとかかったら、雲が渓全体を鎖してしまった。その雲の立ち罩めた底から水の潺潺と流れる音だけが聞こえて来る、というのである。第三句の「等閑」（なおざりに）は、……「無心」の心境を現わすものといえる。この偈は全体がこの無心の境界を踏まえている。……そこで第一に、「写す」ということであるが、……無心の場でいえば、写すということは、禅でしばしば為されるように、鏡がものをありのままに写すのに譬えられる。無心の心は柳を写し花を写し、……胡人〈異邦人〉が来れば胡人を現ずる。そのことが例えば柳が現に有るということ、有るがままの柳ということである。しかも鏡には写そうという意志はない。無心の心は等閑に写すのである。いわゆる「諸法実相」である。……ただ水音が響いているだけである。……鏡が意なくして（無心に）写すということではなく、そこには写すという意味すらもない。つまり鏡に譬えられるものもない。……そこに響く水の音はただその音それだけのものであり、またその音そのものであるが、実はそこに真の意があるともいえる（意を写すのではなくて、意があるのである）。……水の音以外の何ものでもない水の音、水の音そのもの、それが直下に意を含んでいる、むしろそれが一つの意そのものだということである（二六五―二六六）。

引用の文章は、「三界に法無し、いずれの処にか心を求めん」という盤山宝積の垂示に対する、大燈の詩偈の二番目に取り上げられる、「千峰雨霽れて露光冷」〈西谷は「ひややか」と読んでもよいところを、「すさまじ」とルビを振っている。芭蕉は、「荒海や佐渡に横たふ天の河」についての俳文「銀河の序」を記した、「天河句碑」では、「もの憂き　島の名に　立侍れば、冷じき心地せらるる」と読ませている。風景にある事実性には「すさまじ」と言わざるを得ないものがある〉で始まる偈の、三句・四句について述べられたものである（偈は、七言で表現され、四句をもって一偈とするものが多い）。次に四句とも示す。

千峰　雨霽れて露光冷じ
月は落つ松根蘿屋（らおく）の前
等閑に此の時の意を写さんと擬すれば
一渓　雲鎖（とざ）して水潺潺（せんせん）

〈あえて訳してみる：
雨が降り、夜に雨霽（は）れて、夜にもかかわらず、見渡す限りの山々は聖なる光を露現している
松の根元にある、蔦の絡まる家屋の前に、月の光が落ちてゆく
〈山々の放つ光は、月の光でもある。松は字面から、「公」、さらに「頌」にも通じるが、その光は、私の住む処に、松に吹く風の音を響かしている〉
まあ、あえてこの時の心境を表現すると
渓は雲に鎖され、水の音のみがしている、というところか
〈月の光で峰が見えているが、その峰は、眼に見える光を放つ前からあり、じつは峰の姿とは心のなかに風音を立てているところにある〉〉

第一句と第二句は、「無心の心」のあり方を表現している。それを西谷は、「落ちて行く月の名残の光で、露を帯びた物々がみな微妙な冷光を放っている境界」と語っている。その「冷光」を「すさまじ」と言ったのは、それがたんなる鑑賞される境界ではなく、禅の立場の言葉であるからには、自己の「喪身失命」を迫るからである。

しばしば「絶対」という事柄は、思惟の対象となり得ず、言葉を超越していると指摘される。「対する」という有り方を、絶しているからである。しかし西谷は、絶対を「単に言葉や思惟の届かぬ彼方にあるという意味ではな

く、それを言い表わそうとし考えようとすれば、そうすること自身が矛盾に陥るという意味である」と根本的な指摘をなす。絶対と組み合うとき、一歩間違えれば、絶対矛盾に陥って、喪身失命となる。ここに禅的転換がある。この禅的転換の契機を、西谷は、「無心に写す」というところに見出そうとする。

「写す」ことは、鏡に映すことに譬えられる。ものがそのままの姿に鏡に映るのは、鏡が無心だからである。「等閑にこの意を写す」ときの「等閑」とは、「無心に」ということであろう。しかしここでの「写す」には、初めから鏡などないのである。「雲、渓を鎖している」のだから、そもそも光なく、見えない世界のことである。だから「心のなかに見る」ことだと言えるが、水音は幻想ではなく、歴々と水の働きを現じている、「潺潺」はそのことを示す。「鏡が意なくして（無心に）写すということではなく、そこには写すという意味すらもない。つまり鏡に譬えられるものもない」のである。無心に水音が響く、ということ自身に「意（こころ）」がある。その「意」は、「いままさに雨降らんと欲す」と言われる時の「欲す」、「自然」の意、自然にあること自身なのである。「無心」は、「自然」と等しいものとなる。

鏡の中の像ではなく、「鏡も像も写すこともなくなった」ところでの「映す」ということを、西谷は次のように述べる。「これは、一切がそれぞれのあるがままという差別相に於いて直ちに絶対的に一だというより外にはない。もし一即多、多即一ということがなお鏡を写すというような意味を含んでいるとすれば、ここではいわば多則多が直ちに一即一ということでもある。「雲鎖す」はかかる境界のことである」〈西谷は「境涯」ではなく「境界」と言っている、つまり「場」の出来事であることに注意せねばならない。心が場所の有り方をしている、あるいは心とは場所のことである〉。したがって「千峰雨霽れて露光冷じ」とは、この境界のことであり、その場を開く「絶対否定」を指して、「冷じ」と言われている。

「絶対一」へすべてを収めとることが、いっさいをその有るがままに解放する「絶対空」となる。ここにおいては「多則多が直ちに一即一」となるが、その場でなお「映す」という事の意味を言えば、「自己が自己を写す」ということとなる。他はないからである。すなわち、「鏡が鏡を写す」という外ない、なぜなら「写されるものの全体が絶対の一になるから」である。

「それは像がすべて空ぜられることであり、像への絶対否定である」、と西谷は語を続けている。「写す」ということに「擬する」ことによって、かえって何かを写した像ということが絶対否定され（そもそも鏡など無い）、絶対差別（それぞれが絶対）が絶対一（全体が一つ）である、ということ、言いかえれば、自己（絶対自）が自己（絶対自の全体）を映す（鏡が鏡を映す、つまり全体が全体を映す、という事態）、という「自覚的存在」としての「自己」の本来の境界が示される。「映す」ということが、映す鏡のないところでの働きとしての「自覚」の事であるなら、それは「即」ということともなる。自己が自己を覚す（映す）とは、すなわち「自己即自己」ということになるからである。「映す（覚）」ということを介して、「空」は「即」という展開を見せる。

〈白隠はこの大燈の詩偈に、次のように著語（じゃくご）（偈頌の下に付け加える短評、著語する者における禅の境地が表れる）している。

君看雙眼色　不語似無愁（君看よ双眼の色　語らざれば愁い無きに似たり）
眼中無見刺　耳裏絶聞塵（眼中に見刺無く、耳裏に聞塵を絶す）
若識琴中趣　何勞絃上聲（若し琴中の趣を識らば、何ぞ絃上の声を労せん）
莫嫌襟上斑斑色　是妾燈前滴涙縫（嫌うこと莫かれ、襟上斑斑の色、是れ妾が燈前に涙を滴てて縫う）

第一句の「君看雙眼色　不語似無愁」を書いた、素晴らしい良寛の書がある。「君」とは、白隠が見つめている大燈のことであったのだ。

「大燈の耳目に映るものには、目や耳の見聞の影がない。その境界にある思いは、夜なべして縫った衣に、妻が離れた夫を思い涙した痕が見える、ことに似ている」、ということであれば、一休の、森侍者への思いとも繋がるであろう。〉

(三) 人と人との出会い――相逢の現実と風興

出会いの場での出来事が消え去った処に、なお声の響きが風の如く跡を残さずある。そもそもそのような響きが、出会いを現じていて、出会って事が起こる、という以前に声が響いている。声なき響きが、声を響かせ、再び声なき響きを響かせる。そのような人との出会いを、良寛は「君看よ」と詠っている。

さて、三つ目に取り上げられる詩偈は、仏堂の外の正面に立つ二本の露出した柱（無生物を代表させている）と古仏（つまり本来人）とが相交わる、ということは「南山に雲起こり、北山に雨降る」ということだ、という公案につけられたものである。「永遠に離れておりながら少しも離れておらず、終日相対しながら瞬時も対していない」、この事についてどうかと大燈国師に花園上皇が問われて、「昨夜三更、露柱、和尚に向って道い了んぬ」と応じた。その問答と同じ問題が、ここでの謎である。「ひとり」がある、生きる、という出来事のうちに、人と人とが出会い交わるという事実が貫かれていて、その交わりを「理・ロゴス・言葉」で言えば、「南山に雲起こり、北山に雨降る」ということになる、つまり南に雲起こり北に雨降る、という一見不合理に見えることが、人と人が出会う真理を示している、というのである。

禅の見る世界を西谷は、「合理性の世界とそれを破り出た不合理の世界との二重写しの世界」と述べ、「あたかも左右両眼の二つの像が一つの焦点に合するように、南山と北山がそれぞれの方処を離れずに一つに重なる」との譬えで語る。これは華厳の「事事無礙法界」（理を破って事実と事実とが響き合う世界、もちろん理を破った事は理の具現である）のことである、と西谷は示す。理ではなく事の問題、あるいは理と別でない事、つまり「人の働き」における「機」（公案体系の「機関」の「機」）が問われているのである。

象徴とか擬人化ではなく、竹の声や花の歌がそれ自身私たちの自分の歌声と変わらない、ということを、西谷は、「鏡に映して自分の顔を見る時、同時に鏡のなかの顔も自分を見ている」、という様相で示現する。竹の声に自己が映っている、だからその声はまた自己のものである。「世界の万物・万象にその自己のはたらきが映っているのである」、「その自己のはたらき」とは本源の自己、本来人の「全機」のことである。世界には自他異なるあらゆる多様性がある、一枚の木の葉すら同じものがない、にもかかわらず、世界は「全体として一つ」である。したがって一つ一つに、一つの取りこぼしもなく、全体が映っている。取りこぼしがあれば、全体とは言えない。一が一であるところに、同時に全がある。「一つ（ひとり）」から言えば、自己の中に全体を収めている、ということである。その納まり、治まったところから、同時に全体が開いて出る。そのような有り方を修めるところに、修める道としての行い、働きがある。

〈「はたらき」の「はた」は、幡（はた）が「ハタハタ」と風にふかれる音のことで、そこから「はたらき」という語ができたという語源説がある。なお「働き」という漢字は、国字である。「はたらき」は、風を受けて動くに似て、自然の風と和しているところから生じているとすれば、そこにすでに、人の行いについての日本的見方も見出せるであろう。

西田幾多郎は、「働く」とは「作る」ことであるとしている。「作る」というのはまさに人間の作（な）すことであるが、しかし「作る（作す）」は「作られて作る」ところに成立する。人為が天という自然に則っている。人の本源をここに見る、という見方は古来からあるが、西洋の近代を通して展開し、さらに禅というものの根底にある立場に立つことで、近代の根源的徹底を行おうとしたところに、西田・西谷の哲学の道があった、と言えるであろう。〉

ついで『碧巌録』の、次の第六十八則についての詩偈が取り挙げられる。

仰山、三聖に問う、「汝、名はなんぞ」。聖云く、「慧寂」。
山云く、「慧寂はこれ我」。聖云く、「我が名は慧然」。
仰山、呵々大笑す。

西谷は、「いづれの処にか去る」、という大燈の著語をこの公案に続けてあげている。そのうえで、つぎの詩偈が引かれる。

煦日影中雪霽春　（煦日影中　雪霽るる春）
梅腮柳面闘芳新　（梅腮柳面　芳新を闘わす）
詩縁風興無限意　（詩縁風興　限り無きの意）
獨許苦吟野外人　（獨り許す苦吟野外の人）

試みに訳せば、つぎのごとくであろうか。「あたたかい〈「煦」は、あたたかい、の意〉春の陽ざしのなかで、雪も霽れあがる。梅のつぼみと柳の綿が、新しき香りを競い合う。〈その様は、人と人との出会いに等しく、その風光が詩の趣きをかもす〉その詩縁風興には限りなき意がある。苦吟する野外の人を忘れてはなるまい」。

仰山（名は慧寂）は三聖（名は慧然）の名を知らないはずはないにもかかわらず、「名」を問うた、ということは、人と人が出会うということはいかなることかという、禅における究明が開始されたということである。名を問われた三聖は、「我は慧寂なり」と応じた。「慧寂は我が名である」、と仰山は言った、それを受けて三聖は「我が名は慧然」と自己の名を告げる。そこで仰山大いに笑った。

名を問われた三聖が、わが名を、問う仰山の名で告げたのは、自己が自主独立な存在である限り、自他が対峙するとき、自己は他者を自己のうちに引き入れ自己化しなければ、自己が否定されることになるからである。「名は体を表す」と言うが、名はその人物そのものを意味し、名を奪うことは、その人間の存在をすべて自己が呑み込むこと意味する。三聖の「存在」を奪い取ろうとした仰山を、逆に三聖が「我が名は慧然」と仰山の「我」を奪い取ったのである。しかしここでの出来事がたんなる存在の奪い合いではないことが、「仰山、呵々大笑す」というところに示される。ここで両者はたんなる敵対者ではなく、我は汝であり、汝は我である、という事においては、我の主体の場に汝をおき、また逆に汝は汝を我の中心とするという、「主客の互換（回互）」という事柄である。回互的な我と汝の関係は、「不一不二」と表されるが、それを西谷は、「各自が絶対性をもちつつ相対し、相対しつつ暫くも離れないということ」、と言いかえている。そのような「和合」には、「冷じ」いが、それが美しいという、いわば「氷の美」が感じ取れる。そこに至って、その世界に入るところに、敵対は「遊び」に転質する。「呵々大笑す」という転化は、美を遊ぶ、という事態を表わす、と理解してよいであろう。

西谷は、次のように述べる。

三聖が仰山の名である慧寂を名告る時、三聖は仰山である。私が汝であり、汝は私である。仰山の立場からしても同様である。要するに、私は単なる「私」ではなく、同時に汝であるような私である。……ここでは最早

「関係」もなく、関係するものもない。「自」もなく「他」もない。……単なる無差別は現実を離れたものであるが、問題は「私と汝」という現実、人と人との出会いの現実であり、それに含まれる絶対的な敵対性である。ただ、その私も汝も単なる私と汝ではなく、私は汝であり汝は私であるという絶対無差別に立った私であり汝である。……そこには、「私と汝」は「私と汝」ではない故にこそ真に「私と汝」である、と言えるところがある。またそれ故にこそ、そこに必然的に絶対的敵対が現われるのである。……ここでは私と汝を結ぶ「関係」はない。しかしそれはかの単なる無差別としての無関係ではない。あらゆる関係を絶した場での相対としての、絶対的な敵対としての、無関係である。……その出会いの底には無限な畏ろしさがある（二八四―二八五）。

人と人が相互の人格を認めるところに、真正な人間関係が成立すると考えられる。しかしそのような人格的関係性に、根本的な問題が潜む、ということがずっと問題にされてきた事柄である。もちろん人格的関係が間違っている、というのではない。問題はそのような関係が成り立つ根本の関係、あるいは場ということである。存在と存在とが対峙する、そこでは、我と汝はそれぞれ譲り合うことのできない我として、汝として、対峙しあっている。私が占めている場所は、他者に明け渡せない、身体のある場所を明け渡せばもはや私は存在しえないからである。我と汝は、一つに重なりながら、個々別々、というようなことがいかに成り立つのか、ということがまず問題である。しかしさらに、「「私と汝」は「私と汝」ではない故にこそ真に「私と汝」である」という「即非の論理」の事実的事態の窮極の側面に、西谷は向かっている。

まず言えることは、関係の成立は、関係項なくしてはありえない、という事実性である。関係項というそれぞれの身体的実在性があって、我と汝は人格的関係に立てる。しかしそのような関係性が残る限り、我と汝の絶対的敵対性は解消し得ない。その敵対性を解消しながら、なお対峙しあえるためには、我と汝は関係項という身体的実在性を脱体したような有り方、関係から抜け出た「脱体的個」の関係、いわば「無関係の関係」に立つしかない。このような「無関係の関係」とでも言う事態は、「太郎と次郎という二人の「人間」がいるという単純な事実のうちに既に含まれている」と、西谷は繰り返している。「絶対的なものが二つある、乃至は無数にある、という不可能事が、日常現実の事実として既に成り立っているのであり、我々の日常は実はそういうものなのである。しかしまたそこから限りない紛糾も限りない苦も生じている」、と続けられる。限りない悲しみや苦しみの「限りなさ」は、まさに「我々の日常は実はそういうもの」ということから起こっている。日常性の「出会いの底には無限な畏ろしさ」という「冷じ」さがある（悟れば無になって何の迷いもなくなる、という単純な理解は、ほんとうの私たちの日常の底を見ていないところからなされる）。その事態を禅はどのように見て、どのような事柄として語っているかということが、詩偈における、西谷が見ようとする根源境界なのである。

我と汝はそれぞれ、我は我であり、汝は汝であるという、如実な存在である。しかし「それぞれが絶対的に絶対的だということは、両者が絶対的に相対的だということである」、そのような背理が、日常的な事実として如実にある。そのような有り方をしている「我と汝」が、日常のただ中で、どのように表現されるのか、ということが、問い直されねばならない。脱体しながら、体として現れる、そのさいの体は、どのように現われるのか、というとき、「詩的にある」という有り方の根本的な意味が、露現してくる。

白隠が、この詩偈の第一句と第二句の世界を、すべての意識の根底となり、あらゆる意識という働きの元にある「我執性」の根となっている「阿頼耶識」という「暗谷」を踏み破って、積雪しているような「無明（むみょう）（本当の知の明かりがないところに生じる煩悩）」が消融して現出する陽光の風光と述べている。それを受けて西谷は、第三句の「詩縁風興」に注目する。つまりこの風光はそのまま「我と汝」の出会いの詩的表現となっている、と読み取る。

人間の出会いの「現実が詩の相を帯びる」、そのさいその詩は、「人間が創作する詩ではなくて、人間がそれに与かりまた人間に参与してくる」、「般若〈意識の暗い谷を脱した智の光〉のうちから性起〈世界が現じて来ることとしての個物の生起、「一花ひらいて、世界起こる」というような現出〉してくる」、というようなものである。ものに美が宿り、映る。それは詩的に表現されるが、その表現が「リアリティ自身の光」から生じているような詩となるところに、絶対無差別が絶対差別ということであるということが具現される。脱体した体という存在が、「詩の言葉」となる。詩がたんに心境表現であるのではなく、境涯がそのまま自然の風光であるような「言葉の世界」が、人間の最後の、究極の有り方にかかわる。

そこまで立ち入れば、「呵々大笑す」は、このような詩的表現すらからも去り行ったところを示す。したがって、「いづれの処にか去る」と白隠は述べる。「いづれの処」かは、獨り、野外に、つまりもはやここに居ない、居た痕も見えないで、苦吟する、すなわち詩の声のみある、そのようなところである「人」を指さす。良寛が、「君看よ」と書いた「君」は、そのような「人」であったろう。

第四章 「情意」と「イメージ」

「哲学」はギリシャ語で〝philosophia〟、すなわち「知を愛し求める」という意味の語である。西谷の哲学研究も、「知」をその根源にまで求め、「知とは何か」というテーマで一貫していると言える。人間が人間であるのは、高次の「知」を有しているところにあるとされるのだから、「知」の探究は、「人間とは何か」という問題でもあり、それは「自己とは誰か」という問いと連なる。存在するということも、知なしにはありえないのだから（たとえば消化吸収の仕方を知らなければ生命は存在できない）、知の探究は存在の探究と別でありえない。

ところで芭蕉は「乾坤（世界）」の「如実」を言葉に捉える俳諧の試みを、「静なるものは不変の姿也。動るものは変也。時としてとめざればとゞまらず。止るといふは見とめ聞とむる也」と言って、動けるものを動くままに「見とめ聞きとめる」こととしている。「見聞」という「感覚」の本質がこの章のテーマとなるのでこのことについては後に取り上げるが、「知」という漢字は、飛ぶ「矢」（動けるもの）を「口」にすること、つまり「言いとめる」という文字構成になっている〈ただし白川静によれば、「口」は顔にある「口」ではなく、祝詞や呪文を入れる「サイ」とされる。〉。知や言葉に相当する語は、ラテン語では「ロゴス」である。ロゴスはその意味の有する広さ深さから、さまざまな意味を有する。ものがある、という単純な事実に、ロゴスの多様な意味が含まれていることによるのであろう。

ここに一つの物が存在している、という事態には、時間的関連性やどのような場所にいるかとのかかわりにおける「理」、またものがものとして存続することを支える「理」（たとえば、氷が氷で有り得るのは零度以下に保たれているという「理」による）等が、一体的な総合をなす、という基盤がある。その「理」的な基盤そのものを全体として「ロゴス」と呼べば、ロゴス探究は、ものの存在を可能にしているロゴスの有り方を追求してゆく方向と、逆にロゴスの「初め」にかえって、知にとって所与である存在の源にロゴスの根元を見出す方向とに分けられる。前者がヨーロッパの「論理」の方向だとすれば、後者の方向に西谷は向かう。そのことで、前者の方向には隠れる「知」の様相が、明らかにされる。その研究は、西田が最後の論文のテーマにした「私（西田）の論理」を、西谷も最晩年に、哲学の終局の問題として取り上げようとしたということにもなる。

『西谷啓治著作集　第十三巻』（創文社、一九八七年）には、最晩年の「般若と理性」（七九歳に公表）と「空と即」（八二歳公表）という二つの哲学論考が収録されている。この章の第一節ではまず「般若と理性」に学びつつ、「知性というものの本質をなしている開明作用が、同様に本質的に隠蔽の作用を含んでいる」という問題を、要点に絞って見ておきたい。第二節では、「空と即」を取り上げる（本章の引用のさいの数字はすべて、「第十三巻」のページ数である）。

第一節　空に基源する「知」

（一）「論理」の立場の本質――過程と超過程

論考「般若と理性」の「理性」は、ヘーゲルの「弁証法的論理」における「理性」を焦点にしている。「木から蕾が出て花が開く」というような生きているものの自己展開には、種子のうちに潜在していた意図（たとえば最終的に実を結ぶというエンド、つまり目的にして結果）を実現していく生成の過程のうちに、前段階を否定して（たとえば芽を否定、脱却して、そこから枝葉や蕾を生み出し）さらにその否定を否定して（蕾が花となり実を結ぶ）肯定に転じてゆく、いわゆる「弁証法的論理」が支配している。このような事柄そのものの構造が、蕾や花という「形相」（もののかたち）を概念的に論理化して、ものの構造が再構成され、「現実的なものは理性的、理性的なものは現実的」であると考えられることになる。対象を外からとらえる（悟性の立場）のではなく、対象の内にある理性の構造として存在を見る（存在の内側から見る）という「理性の哲学的論理の立場」が、ヘーゲルによる達成であった。

ヘーゲルの『精神現象学』は、感覚的知（意識の直接的形態）から絶対知（絶対精神における知、いわば神的精神の知）にいたる弁証法的展開を示す。存在は理性の現象であることを、「学知」として確立する端緒がこの書によって確立された。西谷は、「そこになお根本的な問題が残されているところがある」と指摘する、しかもヘーゲルが「絶対知」〈対象を外から捉える相対的知を超えた、知が知自身に立つ処に成立する知。絶対は絶対であるかぎり絶対の外に何ものかを残せば「絶対」とならない。したがって「絶対」にはその外はない、絶対知は知それ自身ということが貫かれた知である〉に立つ「知」に至ったゆえに、もっとも先鋭的なかたちで根本問題が現れる。

なぜなら、まず、「絶対知」が知の最終局面とされるが、「絶対」ということはそもそも過程性を超越している。絶対が絶対であるかぎり、終始絶対であるから、絶対が絶対に至る過程を歩むということはない。過程性を超越するということ、つまり非過程的ということは、弁証法的否定性（テーゼに対するアンチテーゼ、さらにジンテーゼ）の過程を含まない（絶対知は終始絶対知である）、ということであるから、「すべての弁証法的な過程は、そういう非過程的また超過程的な理法の自己隠蔽的な自己顕現とも言うべきものによって成立していると言わざるを得ない」ということになる。つまり弁証法的過程には、原初の「初め」（たとえば一個の受精卵には、その後の生命の過程が含まれている）が見えない背後で過程を導いている、と考えざるを得ない面がある。しかし「過程的と非過程的との両面の絡み合いという事態」という矛盾的知の有り方は、十分に「ここでの弁証法的な論理からは考えられない事柄」である。

その事態は、「知の立場」に立つということ自身に潜む問題だからである。

ヘーゲルの『エンチクロペディー』（学問は「集大成（エンチクロペディー）」の形をとる、と考えられる、そこで自然と精神との全領域を検討し、その検討の道具となる論理をヘーゲルは講義した）は、「絶対知の立場での思弁的論理学」に立つが、その論理学は、一方では「人間の知性が到達した思弁の自己展開」でありながら、他方では「絶対的なもの自身の自己展開」とみなされ（絶対に対して他があれば絶対とはいえないゆえに、思弁の過程も絶対者の自己展開でなければならない）、やはり「絶対」について、人間の思惟における知の絶対性と絶対性それ自身との関係の問題が、「絶対知」と「絶対存在」との両面において残されたままになる（存在の無限定性の「無」と、神が「無」から世界を造ったというときの「無」とは、質的に相違する。しかし、知の絶対否定性と神の絶対否定性とは、否定性という事で通じながら異なるという問題が、どのように考えられるかが、問題である）。

「哲学知」は、もっとも本質的には、何ものをも前提としない自由に立つ。前提を置いては、徹底的に考察することが阻害されるからである。したがって何かを前提することによる他からの制限を「絶対否定」することが、その立つ処である。ヘーゲルの弁証法的論理の理性は、もちろん知の否定性に立脚しているが、哲学知の自己展開が絶対的なものの自己展開であるなら（そこにまで至って「知」は「絶対知」となるのだが）、「否定性」（哲学の立場）と「非過程性」（絶対性そのものに立つ立場）とにわたる、「知とその初め」（「知」の「初め」は「事実」であり、宗教は知を超越した端的な事実の世界に立つ）の有り方が、根元的問題となる。知が最初から絶対性を覆面をした形で前提しているなら、その限り、知は無前提でありえない。したがってなおも対象的知という性質を脱却できない。その問題は、事柄としては、宗教（絶対者に立つ）と哲学（自由な思惟に立つ）の両者にまたがる事柄である。

哲学が自己の本質である自由（すなわち知）を徹底して絶対的精神となったとしても、その「精神」は「絶対者」と言えるのかどうか。他方宗教は悟性を超えた「ロゴス」という「神の理」のもとにある。邪宗に終わらない真の宗教性には、「理性」による否定性をつねにふまえながら、理性を超えた、しかし「神の理」とも言える「ロゴス」が貫徹しておらねばならない（『ヨハネ福音書』のプロローグには、「初めにロゴスがあった。ロゴスは神であった」とある）。その「ロゴス」は、神の絶対性とどうかかわるのか、という問いが宗教にとって本来的にある。すなわち、哲学から見ても、宗教から見ても、「理性」（知の絶対性と絶対性それ自身）をめぐって、同様の問題を抱えていて、その問題が「哲学とは何か」という問題と同時に「宗教とは何か」という問題を引き起こし、したがって「哲学と宗教」という問題も招き寄せる。

ヘーゲルは「知と絶対性」という問題に対して、〝Zushauen〟（〝schauen〟はドイツ語で「視線を向ける、眺める」という意味、〝zu〟は英語の〝to〟と同じ意味の語で、〝Zushauen〟で「〜の様子を傍観する」という意味になる）という考え方を提示している。知は「事柄そのもの」に達していなければ不十分である。ヘーゲルは、事柄そのものに即する、すなわち事柄の内側から事柄を見た事柄そのものに相即した知、しかもその知は知自身の元にある、という知の立場を提示したが、知は知られるものとの間に距離を取らなければ知るという働きは遂行できない、対象に目を押し付けては見ることができないように。したがって、事柄の内にありながら外にあるという立場が求められ、ヘーゲルはそれを「傍観する（Zushauen）」という立場として言い表わしている。しかし第二章でも詳論したように、「眼は眼を見ない」という、「見る」を可能にしながら、それに隠れる「不見」という問題と共通の問いが残る。

（二）「空の場」と「知の場」——夢の如くに相似たり

論考「般若と理性」の第一節において、「南泉一株花」〈『碧巌録』第四十則』の公案。陸亙太夫という役人が南泉禅師を訪ねて、僧肇の言葉、「天地と我と同根、万物と我と一体」を示した。南泉は返事をせずに、庭前の花を指さして、大夫に「時の人、此の一株の花を見ること、夢の如くに相似たり」と言った〉の話が取り上げられる。

陸亙太夫が、僧肇の言葉を示したのは、自己がそのような真理を体得していることを語ったことになる。南泉は、その立場はなお「夢の如くに相似たり」と突き放した。第三章で取り上げた「百尺竿頭」の立場に、なお止まっていたからである。

現象の背後にある実在の世界に到達すれば、現象の世界は非実在的となるが、しかしわれわれが手にしている現実はこの現象世界以外にはないゆえに、現象世界を超越して、背後世界にいるとする立場は、かえっていわば夢の中にいる夢遊病状態でもあることになる。真に「天地（世界）と万物（個々の事実）と我が同根一体」ということが達成されるには、「現象（見たり聞いたりしている、無常な現実の出来事）即実在（永遠に常住の出来事）」ということ、つまり現象と実在とが区別なく一つというのではなく、異なりながら即座に一つであるという事実（ここで「即」の意味合いが誤解されてはならない、「空」における「即」だからである）が、自己の身上において起こり経験されねばならない。過去の釈迦の開悟が、今ここに生きる自己の現在と一つにならなければ、想念にとどまり、「夢の如く」の状態にとどまる（ただし無常が常住に、常住が無常にメタモルフォーゼする事態は、高次の「夢の如く」とも言える。真と仮の区別が消失するからである。「似る」とか「如く」が、やはり「空」のうえで言われている。「夢の如くに相似たり」と突き放す裏には、何重かの「夢」の在処が孕まれている）。

「拈華微笑」（釈迦が説法した際、花をひねり大衆に示したところ、だれにもその意味がわからなかったが、ただ摩訶迦葉が真意を知って微笑したという故事、心から心へ伝える、以心伝心、不立文字の事柄）というような「そういう啓示では、その現場と現時は永遠なる現場、永遠なる現時でありながら、しかしそういうものとして何処の処でも何時の時でも、その処の現場、その時の現時である」と西谷は指摘する。過去の出来事が現に起こっているというような、「そういう前後の違いを消すことなしに、その差別のままで無差別であり、互いに他であるままに一である」という事が、しかし「現」に起こる、そのためには我が「現の場」の同所に立たねばならない。自己のうちに止まる観想の立場ではなく、自己が現場・現時の処、場に立つ、自己の場が世界に開かれる、ということが「現起」していなければならない。「庭前の花を指さして」、「夢の如くに相似たり」と言うことが、陸亙太夫の観想の立場を破って、真の道を行かしめる働きとなる。

ここで極めて注目すべきことは、「指さし」が「物を言う（働きをなす）」ということである。あるものを説明するのに言葉が使われるが、「一見に如かず」と言われるように、そのものを指し示すほうが雄弁である。言葉で示すことは、ものを外から見ることであるが、客観視しなければものを見ることができない。「指さし」は、ものとの距離をとることを意味する。しかしここでは、「その反面には、指さすことはその花と自己とを何物に依っても裁ち切られない一線で結ぶということでもある」。すなわち直接的にものを捉える、「ものを言う」という働きになっている。離れることが結びつけることになる、というのは、やはりくりかえしふれてきた「億劫相別而須臾不離、盡日相対而刹那不対」という事柄である。

知と絶対者との困難な関係を解決できる立場は、ここで示された、距離をとることが結びつけることになるという「指さし」の働きの解明の内にあるであろう。月の光が放つ光輪（知の光となる）が、月本体の光（絶対者のロゴス）を指さすものとなる、という事態を例にして、そこには二重の事態が潜んでいることを、西谷は指摘する。

月を指さすと言われるその指も本来は月自身に属している。それは月自身の放つ光である。理法というものが含んでいる体系も、いわば月の光そのものの体系であり、この月の譬からすれば月の放射する光輪に比せられるものである。月の放つ光は、月そのものではないが月と切離し難く結びついている。それは月そのものの本質に属している。その意味で月と不一不二とも言えるのである。そういうものであって初めて、それは月の光として月の所在を示すものと成り得るのである。……しかるに月の光は月と不二であるというまさしくその故に、却って見る者の目をくらまし、幻惑し、月を隠すものともなり得る。……其処では月の光はかえって月そのものを隠すものに化する。……放光ということが月の本質に属しているということ、まさにそのことが、月とその光輪とを平板な同一性と思い誤らせる原因になる。そこには、顕わにするということが暗くするということでもあるという背理が成り立つ。この背理もまた必然の理である。……その事態から、知性が月を概念的思惟の目標とし、知的な把握作用の対象とすることにもなる。そのような対象的な見方のきっかけとなるというところに、理とか法とか言われるもの、ロゴスと言われるものが本質的に含んでいる矛盾的な二義性が見られる（四一―四二）。

ヘーゲルの論理についての考察が展開される前に、西谷は前もって問題の当所を示している。絶対者が「ロゴス」を本質にしており、人間の思惟の働きである知の光もそのロゴスの光と一体化している（キリスト教の聖書では、人間は神の「似像」（ラテン語で、「imago Dei」、「似像」と訳される原語 imago は英語では image）である。imago はもとは「写し」、すなわちコピーの意味なので、画像、映像、さらに表象、イメージ、想像、という意味になる））。その一体化という事態の上で、人間知の本来の作用から、絶対者を「概念的思惟の目標とし、知的な把握作用の対象とする」ことがなされる。人間知性の立場に立ちながら、その内容が絶対者の自己展開であることによって「絶対知」が成立するが、知における絶対性の成立が、かえって絶対者の隠蔽となる〈カントの次に登場したフィヒテも「絶対知」を論じているが、フィヒテの場合「絶対知」は知の否定性を同時に表示する〉。

この背理の根本にあるのは、知のもつ本質にある。「存在するものとそれの知という関係の上に立って、その関係を知の面に沿って徹底する」ということが知の本質である。「絶対的なものの自己展開の一歩外に立ってそれを見るということ」が、哲学の窮極にある。しかしたんなる「知」ではなく、哲学的に構築された、「絶対知」となった「学知」という有り方が、一個の現実の事物に、直に触れうるものかどうかがそもそもの問題として最初から存在する（西田の「経験するとは事実其儘に知ること」であるということを果たせるのは、学的に捉えられた「真理」のうちではなく、生の事実をありのままに知る、という経験的事実の立場である。西谷は、西田の目指した「経験的事実の知」を、ここでも明らかにしようとしている）。

もっとも素朴な知についての考え方は、ものがあってそれを知が映すことで、ものが知られる、というものであろう。そこでまず、事実があると考えるにしても、その事実とはいかなる有り方をしているか、が検討されねばならない。「目の前に一輪の花が咲いている」という事実は、与えられた動かし難い事柄である、その花の知もその事実から与えられたものである。しかし他方、一輪の花が植物としての花であるという事も事実である。一つ一つの植物を包括するものが植物界という世界であるが、その全植物が存在し得る世界は、植物界という観念である。したがって植物界という世界は、一輪の花のように目に見ることはできない。しかし、一輪の花が存在している事実と共に与えられた事実界である。目に見える一輪の花の事実は、目に見えない植物という観念と一つに、存在している。世界は目に見える全体という意味では、存在しないものである。しかしつねに目に見える一つ一つの事実と一つに与えられて存在している。

個々の具体的な一事実が世界のうちにある、というとき、その世界はすべての、たとえば植物界ならすべての植物を包み含みうるものであるかぎり、世界自身としてはあらゆる可能性を有するものとして「無内容」、「空虚」でなければならない。したがって、「空虚性と現実性との両面が超越論的な次元で一つになっている「処」、それが「世界」である」、ということになる。「一花開く」という事実のうちに、同時に「世界」が現起している。世界が起こることの具体が、一輪の花の開花となる。

知は事実を映す処に成立するが、事実の現起のうち（一花開く）には、したがって知のうちにある観念（たとえば植物界）が本質的に含まれて事実的に存在している。ものそのものにあるそういう観念性は、事実における知の「映す」という働きとどのような関係にあるかが、いいかえれば「事実」と「映す知」は「事実存在」においてどのような有り方をしているかが、知と絶対性の問題に直通する。

「事実」は「自然的」な存在である、とも言える。それ自身でおのずからある、と言えるところがあるからである。雨が降り、風が吹く、という事実は、自然である。自然的事実は、論理以前でありながら、そこから論理が展開する論理の根源でもある。知の背理もここに脱却の道がある。

宗教についても哲学についてもそもそも何処から問い始めるべきかという問題、さらには、それら自身一つの問いであり問い求めである宗教や哲学のそもそもの「初め」が何処にあり、その根源が何処に見出さるべきかという問題である。その「初め」とは、先に言ったように、あらゆる知、或いは思惟、或いは論理学等というものの以前でもあると同時に、また知や思惟そのものの初めでもあるというものでなければならない。一切の知、思惟、論理の枠を破り、それを超えたものであると同時に、それの源としてそのうちにも属するというようなもの、それの外であると同時に内でもあると言えるようなもの、それ自身としては全く非論理的ないしは超論理的であり、一層根本的には不知であり不思惟でありながら同時にいわば知の力、思惟する力として、自らを思惟や知の世界に顕現しうるようなものでなければならない。……そういう力は、かつて言った絶対否定性というものがそれである。……真の絶対否定性に於ては、否定すべき何物ももたないという意味において、絶対否定そのものが直ちに絶対肯定そのものである。絶対無即絶対有である。その意味でそれはあらゆる否定と肯定との基源でもある。その「即」と言われる処に於て、絶対否定性はあらゆる有の有である。あらゆるものをあらしめている「もの」、或いはむしろ、あらしめている「力」、或いはさらに言えば、あらゆるものが有るという「処」である。……あらゆる無を無たらしめる処とは否定の力が現れる処ということであるが、否定の力が現れる処とは否定する力の場ということであって、その否定する力の場とは「知」の場ということに他ならない。……もし絶対無即絶対有と言うその即の処を「空」と呼べば、その空の場は同時に知の場である。知というものが常に否定性を、また否定の自由という意味を含むのは、それが空である処からである。……ものがものになると言う立場は同時に、ものをものにする処、古い言葉で言えば、ものが有るものを「ものする」立場である。……其処では「有る」ということと「成る」ということと「作す」ということとは、一つのことである。そして、その処に、また知るということも同時に含まれている。真にものを知るということは、ものが有るというそのものの元に立入るということであり、またものとなってものを見るということでもあり、同時にものをものするということでもある。……その処が「空」と呼ばれたのである（九二―九四）。

知に与えられた端的な「事実」が、知の「初め」である。それは「知」の「初め」であるが、「それ自身としては全く非論理的ないしは超論理的」でありながら、論理の源として「そのうちにも属するというようなもの」、すなわち「それの外であると同時に内でもあると言えるようなもの」である。それは、「不知であり不思惟でありながら同時にいわば知の力、思惟する力」となる。したがって「自らを思惟や知の世界に顕現しうるようなもの」である。

「初め」においては、初め以前と初め以降の展開とが相即する、それゆえ「初め」、ないし「根源」となりうる。たとえば完全な譬えとは言えないが、整数は零の世界から成立する、零はすべての数の「初め」として、一から始まる自然数を含んでいる。あるいは、「生命」は、たんなる物質から構成されているが、ものがいのちを有ち始めるその命の「初め」は、物質と生命とが相即している。「初め」は、そのように生と死、静と動が相即する有り方をしている。したがって、知の初めの「事実」には、論理以前と論理以降とが相即している。しかもその相即は、論理、ないし知の「力」として働く。あるいは、知として自己を事実存在に顕現する。否定と肯定が相即するゆえに、否定（知）は肯定（存在）の力として事実存在として現成するのである。「即」と言われる処に於て、絶対否定性はあらゆる有の「有」となるのである。つまり「即」は「空」の働き、あるいは空の働きの有り方となる。

すべてを空じる処では、もはや空じられるものも消えて、すべてが絶対肯定されることになり、否定が肯定と相即する。それゆえ、西谷によって、「あらゆるものをあらしめている「もの」」、あるいは「あらしめている「力」」と言われ、さらに「あらゆるものが有るという「処」」と、「もの」・「力」・「処」とたどられる。「もの」は「初め」ないし「事実」のことであり、事実は「事実する」という「作す力」でなければ事実（現実に現じられているから事実として存在しているもの）たりえない、さらにそういう力は「力の場」という「処」の働き、あるいは「世界が世界する」ことである、と読み進めることができるであろう。

『正法眼蔵』には「全機」という巻があり、そこでは、「生也全機現、死也全機現」という円悟禅師の言葉が取り上げられる。「一にあらざれども異にあらず、異にあらざれども即にあらず、即にあらざれども多にあらず（同一ではないが同一、同一であるが即一ではない、即一でも多でもない）」と言われ、「生にも全機現の衆法あり、死にも全機現の衆法あり。生にあらず死にあらざるにも全機現あり。全機現に生あり、死あり」と続く。

道元は、「自己に無量の法あるなかに、生あり、死あるなり」という事柄が現じていることを、「機関」と呼んでいる。「機」とは「理法が出来事として現れる、その出来事」のことで、その出来事が、空において現起すること、あるいは性起させることが、「機関」の意味であろう。生においても死においても、「機」が全体として現じている。「一華開いて、世界起こる」、すなわち一事に世界全体が現じている。一人一人の「我」の否定（死）も肯定（生）も全機現となっている。生という事実も死という事実も、事実自身として「全機」の出来事なのである。その「全機」が「空」の働きの現場である、と考えてよいであろう。

ところで、したがって西谷はおそらく「全機現」を「空」の事柄として念頭に置いているであろう。西谷は「空の処」、あるいは「空の場」という表現をしばしば行っているが、「処」と「場」は「場所」の意味にもなるが、もちろんそれは空間的な場所ではなく、「場・処」とは、「場」の働きが現じている「所」を意味している。働きが現じることとは、「機現」、あるいは「機会（機が全体的に会すること）」であれば、「場」とは「機」が現じ、会することであろう。

「ものがものする」ことは、全機現であり、そこでは「生（な）る（つまり生（あ）る）」・「成（な）り」・「作（な）す」が一つであり、ものをものすることが「知」の働きであるゆえに、その一つなる処は「知の場」となる。「知」を「知」たらしめている絶対否定性が、「空」に基源するからである。その知は「ものとなってものを見る」ということである、西田に倣えば「物となって見、ものとなって考える」、また「なす」ことは「作られて作る」ということになる。

ヘーゲルの「理性」が抱えざるを得ないアポリア（難問）は、空に基源する知の立場において初めて開かれる光を得られるであろう。しかしいわば「空知」という知の内面が、西谷において、論考「空と即」においてさらに問われる。もっとも発表された部分は、なお論じたい半分にしか過ぎないと、西谷は語っているが。「知」は本質的に「映す」働きであり、空の元にあるゆえに距離を開くことで距離を縮めるものであるにしても、対象知という有り方が残る。対象知でありながら、直に映る、ということがいかに見極められるか、という問題が論じられることになる。

第二節　空を映す「情意」

円悟の『碧巌録』の基となる頌古百則を作成した雪竇重顕（せっちょうじゅうけん）は、さきに取り上げた「三界無法、何れのところにか心を求めん」という公案に、次のような頌（偈頌）を附している。「白雲を蓋となし　流泉を琴となす　一曲両曲人の会するなし　雨過ぎて夜塘（とう）秋水深し」〈試みに訳す：空を仰げば目に白雲映り　耳を澄ませば谷川の水は琴の音に似て耳にあり　この潺潺（せんせん）と流れる水の調べ白雲の指す言葉を会す者はいない　雨後秋の夜の古池の寂寥のみ〉。

求められた心は、このような頌として示される。いいかえれば、詩偈に移され、映されている。それは「空」の表現となっているはずである。おそらくこのことに注目して、論考「空と即」を、西谷は「詩歌における空」から論じ始める。

（一）情意の論理――「文脈」という道筋

「空」についてしばしば取り上げてきたが、「空（くう）」は訓読みでは「そら」のことで、もともと日常の用語（中身がないことを「そらぞらしい」と言い、「むな（空）しい」とも読ませている）であった。「そら」という言葉が「空（くう）」と受けとめられたところには、「そら」がそもそも果てしない広がり限りない深さを、たんに感じさせるだけでなく、そら自身がそのようなものであったという「感」じが、基礎にあるからであろう。しかも、そらは事実として捉えどころのない仕方で目に浮かぶ。寂しいとき悲しいとき、思わずそらを見上げることがある。そのとき、そらの「空しさ」は、そのまま心の「虚しさ」である。西谷はそのような「空（そら）」を、「目で見ることができる「永遠なるもの」としては唯一のものである」と、なにげない事実でありながら、改めてその不思議に驚かざるをえない事柄を指摘することから、論考を始めている。

目に浮かぶ虚空（そら）は、形なきものでありながら、目に見られている。したがって「形なきものの可視的現象」といえる。「形なきもの」（見られないもの）と「目に見えるもの」とが相即している「空（そら）」における、両者の関係はいったいどのように考えられるのか。比喩や論理によって結び付けられるような関係よりも、その関係は、はるかに直接的である。空は、空しいのである。虚空はそのまま、目に見えないものの現象として、情意の虚しさと共に在るところに、たとえば詩歌や俳句が出で来た。

〈心理学では「心」の働きは「知・情・意」とされる。西田幾多郎も使っている「情意」の意味は、そのような心理学的用法もふまえながら、心理学的「心」の捉え方を抜け出た「心」の意味を持っていると考えられる。「心」と言うと、日常的にも使用されるさまざまな意味を誘い出してしまう。そこで、西洋心理学的意味に余る、あるいはそれによっては隠れて捉えきれない「心」を、「情意」という言葉で表現しているように考えられる。なお「情」も「意」も、「こころ」と訓じられる。ところで、「情景」は、「ありさま、ようす」を意味する。漢字「景」には「日」が入っているように「太陽の光」を意味し、「景」は目に見える景色のこと。「情景」はしたがって、心に浮かぶ「気色（景色）」となる。また、漢字「意」には「音」が入っている。そこで「意」は、言葉にこもる心、あるいは音（言葉）を通して伝わる心、というようにも受け取れる。「情意」は、目に見えない心が伝えられた言葉、あるいは言葉において通い合う心を意味するという、勝手な解釈に誘われる。〉

西行の「風に靡くふじの煙の空に消えて行方もしらぬわが思いかな」でも、空は目に見える「そら」と煙がそのそらのうちへ跡かたもなく消えていく空しさを意味しながら、同時にまた、自分の心意識が念々にいずこともなく消えてゆくという、目に見えぬ空と、そこにおける自分自身というものの空しさを表現している。その場合も一種の譬喩とも言えるが、しかし実際は譬喩以上の体験であろう。先には山の煙が空に消えてゆくのを現前の事実として見ているのであり、それが消えてゆく空もそういう空虚の場そのものとして彼の心に現前しているのである。その空が彼自身の心の定めなき無常の場に移っていくのは比喩などということではなく、もっと直接的な仕方である筈である。……もう一つ例を挙げれば、明恵上人の歌集にも「清き心は空にこそ住め」という句が出ている。……世のあらゆる塵埃を離れて心が清く「すむ」（住み且つ澄む）その在り所が空なのである。……その所は生々世々に、つまり移り変わるどの世界、どの生のうちにも、永遠に変らない心が現在する所である（一一五―一一七）。

煙が空に消えてゆくという事実が、自分の心意識がいずこにか消えてゆくという思いの現れとなっている。繰り返すが、事実が心の状態の比喩となっているのではなく、直接に、事実（消えゆく煙）が思い（空しく消えてゆく心意識）と一つになる。そこでは、心に、煙が消えてゆくそらが現前している。「そら」が空なる「心」となる、逆に言えば心に「空」が開けている。「煙が消えてゆく事実の起こる空も、そういう空虚の場そのものとして彼の心に現前している」のである。「空が彼自身の心の定めなき無常の場に移っていく」、すなわち空（空なるそら）が心に「映る」のである。心におけるこのような空の現前を、西谷は「情意的なものとしての空」と呼んでいる（「映る」、という事柄がどのようなものであるかということが、ここでの問題の核心である）。

「情意的なものとしての空」の考察に向けて、芭蕉が参加した歌仙をひいて論じられる。具体的に言えば、「空ということが日常経験に含まれる感覚や知覚や感情や気分などのうちにそれらを規定する契機として現われて」おり、つまり空が心に現前していることが情意の雰囲気を作り上げている、したがって「空はそこでは感性的なものや情意的なもの自身に或る特殊な特徴づけを与えるものになっている」、という事を手がかりにして、心に映る空の有り方が究明される。取り上げられるのは、ある歌仙における、つぎの丈草(じょうそう)の発句である。

「さびしさの底ぬけて降る霙(みぞれ)哉（丈草）／ちらちら光る糠(ぬか)〈籾糠か〉の埋火(うずみび)（去来）／鯨ひく沖に一浜家あけて（芭蕉）／苗うえ初(そむ)る砂留の松（鼠弾(そだん)）」

〈この連歌は、『校本　芭蕉全集　第五巻』（角川書店、一九六二年）では、「存疑」の部に入れられている。つまり実際に行われた歌仙かどうか疑問の余地がある。いずれにしても、丈草は、芭蕉の死後も義仲寺のほとりに草庵を結んで住むほどに芭蕉を敬愛していた。正岡子規は『獺祭書屋俳話(だっさいしょおくはいわ)』において、「丈草の俳句を通覧する者は、其禪味に富むことを心づかぬ者は非ざるべし。少くとも諸行無常といふ佛教的の観念は常に丈草の頭脳を支配せしものと思しく其種の作句實に多し」と述べている。俳諧は、「俳諧の連歌」のことであって、連歌の発句を独立させて「俳句」というジャンルを確立したのは子規である。連歌を和歌と相当する「文学」にまで高めた二条良基は、『連理秘抄』において、「発句はまづ切るべき也。切れぬは用いるべからず」と述べている。切れ字が、一七文字のうちに異なるものの出会いを出現させる。連歌は異なる者が句を付けてゆく、したがって「付合」に重要な眼目がある。発句の切れによって、連歌そのものが動き出す。蕉風俳諧における「付合」を、芭蕉は「匂い・響き・移り」に求めている。前句に「匂付」するとは、風韻を響かせ映す、ということであろう。「発句は門人の中予(よ)にをとらぬ人多し。俳諧におゐては老翁が骨髄」と述べているが、付け合いの妙の創出は、芭蕉自身が自負するところであり、その才能は発句に凝縮している。西谷は丈草のこの発句における「切れ」に注目している。〉

「さびしさの底ぬけて」……自然界のその現象が現象してくる「場」、またその現象してくる「仕方」は、ここでは、「さびしさ」の気分と一つのものとして提示されている。「さびしさの底ぬけて降る」という時の底ぬけのさびしさは、直ちに霙の降る場でもあり、その降り方でもある。自然界の諸現象が、見るとか聞くとかいう如き感性的直観を通して、われわれの感情、情感、情緒、心情その他さまざまに呼ばれる「気分」といつも一体的に結びついて成立してくる……詩歌には……どこまでも経験を離れることなしに経験そのものの根源へ入っていくという方向が含まれている。その方向は、むしろ宗教というものの立場と共通している。宗教は、「知」の立場をどこまでも掘り下げていく方向と共に、絶えず「知」の立場からの離脱の方向をも含んでいる。詩歌、或は一般に藝術は、感覚や知覚、また感情とか情意とかのうちに、経験の最も主要な契機を認めて、その内へどこまでも徹して行くという方向を軸にしている（一一八―一一九）。

雨に湿った雪が混じった霙の降る冬の「気色」と、さびしい「気分」とがひとつになっている。西谷は、そのひとつのところを、「さびしさ」を「場」とする、と捉える。自然現象が「感情、情感、情緒、心情」に映る、ということは日常的に経験している。その「映る」ということが、「どこまでも経験を離れることなしに経験そのものの根源へ入っていく」端緒であると考えられる。そういう藝術における経験を離れることなしに経験そのものの根源へ入っていく方向は、西田における「純粋経験」の、西谷的考察における展開とも言える。宗教と藝術とが共通する場を、純粋経験のなかに何処までも徹してゆくことで表現しようとするところに藝術の特性がある。その直接経験の内の「知」（いわば「即知」、内と外の相即における「知」の有り方）と、宗教における「知」（いわば「空知」、「即であるから即でない」という「即非」の「知」）との関係をどのように捉えるか、という問題を、論考「空と即」は遠景に焦点として絞ってみていると思われる。

丈草の「さびしさの底ぬけて降る霙哉」は俳句であるので、「五・七・五」と切れる。「さびしさの／底ぬけて降る／霙哉」となるが、これを散文として一行書きして口語訳すると、「さびしさの底ぬけて降る霙であることよ」となるとしてよいであろう。「哉」が主調音となっているとみて、散文としては、作者の思いを告げる文、と読みとれるであろう。「降るという霙の働き」が直に心を打って、「作者の内にあるさびしさというものの底を抜いた（淋しさが徹底した）」ということになる。しかし「さびしさの底ぬけて降る霙」の文が、詩語となっているのは、「さびしさの底が抜けるということ」が同時に「霙が降る」という事実であり、「さびしさの底ぬけて」の「て」によって両方の事柄が一つになっていることによる。「一方は丈草の心の中の出来事、他方は外の世界の出来事、それがこの句では、一つの文になっている」のである。心の内外の関係ということではなく、内外が「ひとつ」なのである。すなわち、「底抜けのさびしさというものが霙の降ってくる当の場でもある」ということである。「降りつつある霙の事実が、事実としてのあるがままに、その真如性において、投げ出されている」場が、「底抜けたさびしさ」の開けであって、その場において主観的感情も客観的事実も可能にされる。西谷はその開けを、「直接経験の端的な表現」であると指摘している。

このような表現の場、すなわち「さびしさの底ぬけて降る霙」という句の言い表わしている「心地」又は「境地」というのは、如何なる性質をもった場」なのかが問われる。「さびしさ」（情意の心）が「みぞれが降る事実の場」（場、つまり地）となるということは、言葉がどのような性質を有していることによるからなのかが、関心の当所である。

「底抜けて降る」という言（葉）だけでは、それに対応する客観的事実はない。だから比喩的表現とされるが、詩語においてはかえって「直接的体験の現場」が、事実と対応しない言葉の空しさによって開示されるのである。「経験の現場」においては、事実が意識に与えられる以前が「場」となっており、その場における事実の如実性が「直接」の「経験」、身体全体に与えられる事実として経験としての「体験」である。

〈対象として意識に与えられた事実を論理的に表現する言葉では、すなわち「経験的概念によって整理され、純粋概念によって把握され、基本命題に導かれる」知の形では、この領域はしたがって事実的に届かないのである。しかしそういう知も経験の現場に基づいているゆえに、元にもどるという方向で元に届くという行き方もあるが、直接経験とのあわいは、埋め切れない。〉

西谷は、「そういうことを成り立たせているのは、恐らく「さびしさの」の「の」に籠められた力である」と述べる。「の」は、所有格と同時に主格をも表現する力を有する（この場合なら、「さびしさが底抜ける」であり、「さびしさの底を抜く」ということでもある。「底抜け」という出来事を、自動詞的にも他動詞的にも表現する機能が「の」にはこめられている。つまり能動態でも受動態でもなく、「中動態」的事態、つまり主体と世界の動きとが一体化しているいわば「自然態」を、「の」は表現している）。「心の気分と外の出来事とが二つの事柄である以前の所」（直接経験）が「の」の力によって語り出されている。「の」の表現する「その場を暗示する」のが、「底ぬけて」の「て」の働きである、と西谷は続けている。「の」の力の開示の場を「て」が開いている。次の西谷の言葉に耳を傾けたい。

すべて詩歌は、その種類に応じて固有の音律をもっている。……〈俳句の場合、五・七・五の切れ目で音韻が成り立っている〉切れ目で、「さびしさの底が抜ける」と「霙が降る」という二つの命題が結びつけられている。……発句の場合には「の」が切れ字として現われる〈「の」にはさきに述べたように、所有格にして主格の機能を与える働きがある〉……さびしさの底がぬけるという動態の形象（Bild）とか心象（image）とかと、さびしさが底ぬけになった状態の image とが、同時的にその「の」の上で重ね合わされ、一つの複合的な、解析を許さぬ、さびしさの image が生じてくる。それは詩歌の「文」の力である。しかも更に、その「底ぬけて」は、すぐ「降る」と続いて、次の七字の一部でもある。……「て」を通じて、前の「の」を中心にしたさびしさの image は七字の全体にその響きを伝えている。むしろ、「て」の上で、さびしさの無底性の image と降る霙のそれとが一つに重ね合わされつつ、それと前五字の image とが響き合うのである。その響き合いの中でまた、「底ぬけて降る」ということば（事にして言）が、いわばさびしさによって一気に貫かれて、詩としての語脈をもった詩のことばとなっているのである（一二三―一二四）。

事実と心境とが結びつくのは、切れ字のところにおいてである。切れ字を西谷は句切れのところに見ないで、一句を一文として見て、切れどころを、まず次の傍点に見出す、「さびしさの底抜けて降る霙哉」。「さびしさが底抜ける」であれば、「さびしさ」と「底」の間が切れる。しかし「さびしさの底」であれば、切れないで繋がっている。この非連続と連続とが重なって、動態の形象（Bild はドイツ語の「かたち」を意味する語）と状態のイメージが重なることで、「一つの複合的な、解析を許さぬ、さびしさの image が生じてくる」。つまり目に見える形と目に見えない形（形作るという働きは見られないが、形作られたものは、形作る働きの痕跡としての形として目に見られる形象となり、形の中に形作る働きを見るとき、見られるものは働きのイメージ、心象であろう）とが複雑に絡み合ってひとつになっている。その一つの成りようは、「解析を許さ」ない。一つ一つの事実は、それ自身が内に閉じているからである。

そのことで生じた「さびしさの image」は、「底抜けて降る」の「て」によって、「前の「の」を中心にしたさびしさの image は七字の全体にその響きを伝えている」。「底抜けて」、「そして降る」なら「て」で切れるが、「底抜け」の処は、思いが底抜けると同時に霙が降るその降り方でもあって「底抜けて降る」という一つの事象である。つまり「「て」の上で、「さびしさの無底性の image と降る霙のそれとが一つに重ね合わされつつ、それと前五字の image とが響き合う」。さらに「降る」は終止形であると同時に、「霙」にかかる連体形でもある。ここでも、非連続と連続とが重なっている。

霙が降っている、ということだけが、事実である。その他の語は、客観的な対応物を持たない、心象であるとも言える。しかし事象と心象とが重なり合う詩の言葉において、つまりこの俳句においては、唯一の事実である「霙」が、言葉の響きによって、事実のうちにいわば「幽玄」な趣を漂わせ、風韻に呼び出された「哉」という心境が最後に響く。「霙」と「哉」とは、外の事実と内の心境ということでは、切れている。しかし「霙哉」に、「さびしさの底抜けて降る」という、それ自体では具体的に対応する事実のない言葉のみのイメージが、霙の事実に映り、響きこむことで、外と内は重なっている。「そういう響き合いから、自ずと霙「かな」という詠嘆の言葉も出て」来ているのだが、この「かな」は主観的思いというだけではなく、「かな」のうちでは、霙が降っている。「かな」は、「心即境という意味での「境地」とか「心地」とかいうものの端的な表現」となっていると西谷は述べているが、「心」の「地」であるから、「かな」という「心」が「場」になって、詩的表現が成就している。「降る」という働きの事実、また「霙」という存在の事実とがひとつに連関しているところでは、あるいは「降る霙」が心に映るのは、事実連関のうちに事実としての在り所、その場が含まれていて、その場において言葉としての詩語が成り立っている、と考えざるを得ない。

西谷は、語の「響き」の有り方を「イメージ」（ものの形象の心象）に求めている。この点に、「情意に映る空」を理解する決定的に重要な手がかりがある。イメージとは何か、ということ自体は大きな問題である。それは、いちおう心象という心内の風景と言える。心内にあるゆえにつねに流動し、水面に流れる色彩のごとく感じとられる場合もあるであろう。しかし西谷は、イメージにはものの形象が伴う点に、考察を向ける。たとえば芭蕉の「頓て死ぬけしきは見えず蝉の声」を取り上げて、「蝉の声」について、「蝉が鳴いている」と「蝉の声が聞こえる」の二つが重なっているところから、「我々は声を聞くことにおいてその蝉を聞くのである」と述べる。耳にしている蝉の声は、「蝉の心象（image）」であるが（姿を見ているのではなく声のみ耳にしている）、「音声が与えられている所」には同時に「蝉の image」（形象）も「共に与えられ」、声のうちに形が見られているのである。空間が前提されて成立する視覚と、時間（運動）を前提する聴覚とが（視覚にとって時間は構成されたもの、聴覚にとって空間は構成されたもの）、言葉において、過去と未来、運動と場所が、一つになりうる。そういう「見」（言葉）の場が、「原本的な「事」の現成の現場」となる。それが、経験の場となるからである。その場が言葉をして、「非連続の連続ともいうべき文脈」を可能にしている。

まず「言葉」を、「知性的な反省の対象とする代りに、事実がそもそも「与えられた」ものとして現成している場、事実が原本的に、あらゆる反省に先立って、事実自身の「事」として体験されるその現場」へ帰してみる。つまり「言葉」が「出自して来た一層始原の所へ遡ってみる」。そこでは、「言葉が事実の表現であるとすれば、事実がその「事」の原本性において現わになる当の場（時空の場）は、また言葉がその原本的な姿において自らを示す所でもある」はずである。この「言葉の原本的な姿」が、「文脈」と言われる。「文脈」において文の論理的構造から自由になった文の「脈絡」は、たとえば切れ字によるイメージの響き合いの元に出現する。「言葉が知性のみならず情意をも具えた人間の、生ける人間の、原本的な自己表現」、つまり「人間の息づかい、息込みや吐息や溜息など」が、言葉の響きにおいて伝えられる。すなわち、言葉が詩となる。「文脈」という「場」が開かれる処が、論理的言葉（意味の連鎖という連関）から詩的言語（沈黙とも響き合う深み）へと言葉が転回するところである。

直接経験の立つ「原本的な「事」の現成の現場」、つまり「現実の経験における始原」、あるいは「経験される現実の事実」のところで意識に与えられる「原本的な所与」は、たとえば「蝉の声」である。蝉の声という「音」（イメージ、心象）が、「蝉」の存在を知らせている。すなわち「聞く」という感覚のうちに、あるものをあるものとして限定する働き（形象を生み出す力）、つまりある音、声を蝉という形のあるものの声と、聞き取られる。「「受動的」である感覚というものの力（受動する能力）のうちに、それと一体的に含まれている如き心象形成の力」が、言葉の右に述べた転回の契機を形成している。「感覚に含まれている構想力の所産」であるものが、「形象と心象」と考えられるのである（「構想力」については、後に取り上げる）。

「事実が与えられる本原のところで「事」と一つに現成している「理」」（「感覚」は「感知」とも言われる、つまりものと一体的に成立する感覚は、すでに「覚知」という「理」を含む）、すなわち「「事」を原初的に感知する識別知」には、「理事無礙」と言われる「理」の有り方を探る手がかりがあり、西谷において、それが言葉を詩語にしている文脈に探られたのである。

〈なお唐木順三は、『日本人の心の歴史』の「序論　日本人の感受性の特色――感性の論理」において、「こちらの心を感かすものが、事の心の中にある。事の心がこちらに感動を起させるのである。感じ動かされたこちらの心は、事や物の心との共感において「あはれ」を知る。「あはれ」は本来は事や物そのもの、即ちその心（中核）の中にある。」と、また、「我々は普遍よりも個物、この花や、この月に向かいながら、その花や月を、他との「あはひ」のなかにみる。個物を縁暈（フリンジ）の中におく。……「て」「に」「を」「は」は、我々を広い周辺へ誘う。〈「病雁の夜さむに落て旅ね哉」という芭蕉の句において〉病雁の落ちくる響きまで耳に入ってくる。……心理や想像の波紋をひろげさせながら、然し依然として事実は事実である。」と、述べている。西谷と唐木とは、しばしば日本思想や禅について共に語り合っており、「自然」理解について語る言葉にも、同じことばが見られる。〉

〈唐の僧、杜順（とじゅん）を初祖とする中国仏教の宗派が、「華厳宗」である。日本では、奈良時代、聖武天皇によって建立された東大寺が大本山である。本尊は「奈良の大仏様」で親しまれている「毘盧舎那仏（びるしゃなぶつ）（ヴァイローチャナ・ブッダ。サンスクリット語の意味は「光明遍照」、密教においては「大日如来」と同一視される）」で、「華厳経」は、毘盧舎那仏が説いた「蓮華蔵世界」での覚醒をめざした教えである。サンスクリット語「ガンダ（たくさんの咲き乱れる華）・ヴューハ（飾り付けること、華で荘厳すること）」を、「華厳」と訳し、多くの華（すなわち多様で複雑な仏教思想）によって飾り付けられた世界が、「蓮華蔵世界」のことである。その根本思想は、複雑多様の事物が互いにつながりあい関連しあっていることにより世界が成立しているとみるところにある。したがって、その有様は、「一即一切、一切即一」、また「一入一切、一切入一」と表現される。事物と事物との間が、「無礙」（「礙」、つまり「妨げ」が無い）であるから、事物はすべて「相即相入」や「相依相関」する。そのような事物の現象する世界が、「法界（ダルマ・ダートゥ。ダルマは語源的には「保つもの、支えるもの」を意味し、ありのままの存在そのものである「真如」とも訳され、存在を支えるものとして「法」をも意味する。「法界」は「全宇宙の存在」を意味する）である。この法界の有り方が、法蔵（中国華厳宗の第三祖とされる僧）による『華厳五教章』では、「①事法界　②理法界　③理事無礙法界　④事事無礙法界」と四つの見方が提示される。世界は、「理」（ロゴス）によって普遍的に、また統一的に存在している。また「事」（個々の事実）という個別的な存在事物の世界である。さらに普遍性と個別性とが「無礙」である、理と事は相即相入する。そもそも真に相即相入であれば、それぞれ独自な事は、独自でありながら、他の事実と、理という普遍性によらないで、礙なく共鳴する。独自なままで理によるのではなく無礙である。四法界を、まったく粗雑な理解であるが、ともかくこのように理解してみる。〉

(二)「イメージ」の根源的可能性——事実と事実の響き合い

詩とは、「原本的な事実を出来るだけ理事無礙的に突き詰めて表現にもたらす営み」と言えるが、そこになお残された問題をさらに西谷は追う。それは、「言語藝術としての詩がその極限状況に当面する」という問題である。すなわち、言葉が極まって、沈黙に移行せざるを得ない、という処に逢着するという事態である。むしろそのことを西谷は肯定的に見ていて、「藝術の不可能性が可能になって来る」と指摘して、「藝術という道が終わって宗教という新しい道が始まる発端」となる事柄としている。宗教に「事事無礙的な立場」が含まれるゆえに、その問題は「理事無礙」から「事事無礙」への転回に連なるが、西谷はむしろここでその転回のあわいにとどまる。まず異なる両者を仕切る限界線について、次のように述べられる。

限界線は二つの部屋を仕切る一枚の板に似ている。板がA室に向かっている面xは、A室の限界を表示するものとして、B室を代表する。x面はその「本質」において、Aに現われたBの表現であるとも言える。しかし同時に、Bの表現である同じx面は、A室の一部としてA室に所属する。Aに現われた限り、「現象」としてはAのものであり、Aの構造契機である。同様なことはその板がB室に向いている面yについても言える。y面はB室の、B室としての構造に属し、「現象的」にはBという現象の一部である。しかも同時にそのy面は、AからBを限界付けるものとして「本質的」にはAをBのうちで代表し、Bに現われたAの表現である。一般に「限界」ということには、裁断が接合でもあるという意味が含まれている。そしてその接合は、差別されたものの間の相互投射とか相互浸透とさきに呼んだような連関として成り立つのである。このような構造を「回互的」と呼べば、回互的な連関の場合に重要なことは、一つには、本質的にＡに属するものがＢのうちへ自らをうつす（映す、移す）とか投射するとかして現象する時、それがＢのうちでＡとして現象するのではなくＢの一部として現象するという点である。……今挙げた点は、さきに触れたimageというものの問題にも関係している。imageは、存在論や認識論において「本質」と「現象」ということが論ぜられる時、いつも現われてくる問題である。……分立と差別から出発する立場からは、imageの問題は充分に考えられない。その立場では畢竟（ひっきょう）、分別的知性の判断作用に依拠して物事の論理化を求めることになるが、それではimageの問題もひいては藝術や宗教の問題も本当には考えられない筈である。むしろ、分立や差別と、本質的な繋がり又は「縁」（affiliation）や無差別とを、同時に一つに見る如き立場が要求されてくる。その場合は、ＡがＢという全く他なるもののうちへＢ自身の相をとって映されてくるということ、エックハルトの言葉を藉（か）りればＡがＢのもとへ自らをhineinbildenするということが、Ａのimage化ということに外ならぬ（一三三―一三四）。

ここでイメージ化ということについて、たんなる論理の立場では問題にできない、「般若の知」をふまえてこそ見られる、きわめて重大な点が指摘されている。ＡをＢのうちに「〝hineinbilden〟（ドイツ語、「〝hinein〟」は、「あるもののうちへ」、「〝bilden〟」は「形成する」、という意味で、両語が複合されて、あるもののうちに像として映し込む、映像化する、という意味）」ということが、「ＢのうちでＡとして現象するのではなくＢの一部として現象する」という事態、すなわちＢをＡから分かつものが本質としてはＡに属しながら、現象としてはＢの構造契機になっている。Ａから言っても同様な相互性がある。ＡをＢから分かつＡの構造契機（ＡがＡであることを支えるもの）が、Ｂを代表するものでありながら（ＢではなくＡであることを示すものが、Ａとは異なるＢであるはずである）、Ａに所属するものとして現象する（Ｂ

がAのものとして形象化される）という、AとBとの相互関係が、「映像化」というイメージの作用である、という極めて重要な事実が見い出される。分かりやすく言えば、AがBのうちに現われるさい、AとしてではなくBとして、Bの構造原理として現象する、ということである。すなわち、AとBとが関係するには、AとBとがそれぞれ異なりながら、たんに別次元の他者ではなく相互に関係しあえる、つまり異なりながら共通性がなければならない。異なるものの相互関係性という「非連続の連続」が、相異なるものの相互関係を成り立たせる。その関係がいかなるように考えられるか、という問題が、イメージにかかわる根本的問題であることに目が向けられる。Aのうちに現われるBが、Aの契機としてAとして現象し、Bのうちに現われるAが同様にBの契機としてBとして現象する。このようにして他が自己の中に映像化（イメージ化）されるのであれば、イメージ化の仕方は、相互関係を成り立たせる働きと考えられる。ここで検討されている一つの焦点にある事柄の本質としては、藝術（理事無礙）と宗教（事事無礙）との関係に関わり、その関係の解明に向けて、「ある」（存在）と「ところ」（場所）との相互性の問題が論じられる。したがって、「ある」（存在）と「ところ」（場所）との相互性にまず注目し、次いで「理事無礙」と「事事無礙」との関係が論じられて、イメージの問題が取り上げられる。イメージ化ということの可能性を根源的に考察するということは、そもそも「ある」ということがどのように現成しているか、という問題と等根源的である。

「世界」という連関のうちには到る所に仕切り、区画、限界がある。……「ある」は恒に、それ自身であって如何なる他者とも同一ではないという自己同一性を含意している。……全面的な限界づけによってそれぞれの自己同一性へ、それぞれとしての「有」へ、局限されている。……どこを向いても障壁に出会うような一種の自己―内―閉合性である。自己というものの外へは絶対出られないという意味で、一切の他者が自己の障礙となるということである。そしてこの世界のうちにある一切のものが、それぞれにそういう全面的な限界をもつものとしてのみそれぞれ自身で有り得るということは、世界連関が徹底した分立と差別を含むということを表示している。――しかしまた、世界連関には、今言ったことと全く正反対な事柄、即ち無差別と平等、或いは全面的な開放性と無礙なども現われている（一三五―一三六）。

すべての事物の存在は、それぞれ「それ自身であって如何なる他者とも同一ではない」ゆえに自己自身として存在し得ている。しかし世界において、すべての事物は相互に連関しあっている。すなわち「差別と無差別、閉合性と開放性、障壁と無礙とがそのうちで恒に同時的で、必ず相伴う」のである。たとえば、一本の草も、回りの環境と闘って自己の存在の場、「自己の存在分」、自分を確保し、他との間に障壁を構えつつ、しかし環境との関係（外界の太陽光や空気や水を体内に摂取すること等）なしには存在し得ない。自他を分けながら他者が自己の成立成分となる。自他を分けることで自分を形成しながら、その距ては自他を相入させる、このような限界面の「閉合性と開放性」の両立は、いかなることによって起こり得ているかについて、西谷は次のように述べる。

Aが一切のものの間で、他の一切のものではなしにAとしてそもそも「あり得ている」時、（つまりAであるものとしてAがある時）、Aは世界のうちで「ところを得て」いる。……Aが世界のうちに一つの本有的な場を、それ自身に固有な「ところ」を与えられるということである。その「ところ」は、世界そのものに属する「ところ」、世界自身の一つの「局所」であるが、同時にまた、A自身の固有な「ところ」でもある。……すべてのものが相互的―全面的に仕切られているという「自己―内―閉合性」は、それぞれの個別者の、「非―他者」（クザーヌス）としての独自性、独立性、その意味でまた「自己―内―充足性」でもある。……「万物・万法」の側から見れば到る所に限界と障礙のみである世界も、「世界」自身の側から見れば総じて世界が世界するという唯一の事があるのみであり、その際ただその「世界する」が、世界の全面に行き渉る限りない局所性という姿をとるというだけである。万物の一つ一つが示す絶対的な閉合性と世界は一つという絶対的な開放性とは、もともと、互いに呼応し相即しつつ世界連関を成り立たせているのである。……そういう「相即」の成り立つ、いわば場の開けが、さっき言った「有」の「ところ」である。「本有的」な意味での「ところ」である。有るものがそこで「あり得ている」その「ところ」は、直ちに「有」そのものである。有が時であり時は有であると言われたと同様に、「ところ」は有であり有は「ところ」である。「ところを得ている」……そういう「ところ」は、本来、世界が世界するということの一局面、「世界」自身の一局所に外ならないのである（一三六―一三八）。

ひとことで言えば、この世界のすべての存在者は世界の一部である、ということである。一輪の華が咲く、そこには世界の中にあるすべてのものとの関係性が凝縮している。華咲くことは、一輪の開花という一輪においてのみ起こる出来事であると同時に、世界における出来事である。華が咲くという華に固有の一つの出来事は、「世界における」という意味では、世界がそこに現じられていることである。個物の固有性があり、その働きが起こる「ところ」は、世界が現じ、それの起こる世界の「一局所」にほかならない。そういう有り方から言えば、「世界が世界の働きを行う」ことが、個物が「存在する」ということである。したがって、固有なものとして他と区別され、自己のうちに閉じているものが、その働きが世界の働きであることによって、自己を閉じる壁が閉じられたままで内から開かれる。そのように「開かれる」仕方が、「映像化（イメージ化）」と考えられる。「仕方（way, means）」ということは、「道」という「道理」のことでもあるから、そのように捉えれば、「映像」は「知（ロゴスという道の働き）の原型」と考えられる（知は他を知るところに働くが、対象的に知るのではなく、内から知ることによって他そのものを知ることができる。したがってイメージとしての知は、知の原初である）。

　ここで問題とされている事態は、閉じられたままで開かれる、ということである。したがって障壁が、障壁のままで、内と外との相入を果たす、ということがいかなることか、が問われる。西谷は、事実がどこまでも内に閉じていることを指して、「頑固な事実」と表現している。壁は固くて、その固さは「理屈」の言うことをきかない「頑固さ」を有している。理屈の通じないばあいは、同じ側に立ってその内側の気色から通じ合うほかない。つまり理屈では破れない内が見えるということ、内が開かれうるということは、たとえば、一輪の華が開くという花の存在性は、くりかえしになるが、世界の一部を形成していることによる。内と外ではなく、内が外の内（内が世界の内の世界の局所）であるから、内が外に開かれうるのである。「有」（存在）が「ところ」（世界）であるゆえに、「それ自身の有の絶対的な自己同一性は、相対性の場の開けを内に含む」のである。そのことで、「内側」がいわば「透明化」する。「透明化」ということは、固い障壁が障壁のままで、光の透入がなされるということ（ドイツ語の"durchdringen"という、あるものを通り（dringen）抜ける（durch）という意味の語を西谷は思い浮かべて「透明」という表現を使っているかもしれない、エックハルトの用語では「突破」と訳される）を意味している。

　「有」が「ところ」（世界の局所）に、その位相が転位することを、西谷は、「現実の「事実」そのものからそれのimageへの移り行き」と考えて、事実と一体化しているimageが、事実から転位して、image独自の固有な有り方の現われとなる、と述べる。事実が世界の局所であることで、どこまでも閉じているものが内から開けに転位する。ただしここでは、蓋をして中身がみられなかったものが、蓋が開いて中身が見るようになったという事態とは、異なる。壁が透明化することで内から開かれる、したがって閉じられたままで内が伝わるということである。それが、事実存在の事実性の位相が転位する、という事柄であろう。そのことが、「事実からイメージへの移り行き」と言われるが、そもそも「イメージ」とはどのような有り方をして、どのようなものなのかが突き止められねばならない。

image 独自の力が、「構想力」である、と西谷は、構想力の根本相を理解している。「構想力」は、ドイツ語で"Bildungskraft"、つまり Bild（像）を作る Kraft（力）の意味で、「想像」と一般的には訳される、こころに「像」を浮かべる力の事だからである。「情意」に「空」が移り、映ることは、構想力の発動を基礎にしていて、西谷が「image への移り行き」ということで見通そうとしていることは、心の内側にあるもの、すなわち「情意」（こころ）の見極めであるとも考えられる。この問題を取り上げる前に、なお「理事無礙」と「事事無礙」との関係を見ておかねばならない。

「理」以前にして、「理」が消えたところが、「事」といわれるものである。それゆえ「頑固な事実」と表現されたのであるが、「万物・万事」という存在の事実性（自己のうちに閉じていること）、つまり「不回互な「事」」が、世界に存在している。「世界」がある、ということには、世界という開けに万物が「事」として存在しているということが含まれている。たんなる無一物なら、私たちが、いかなる意味においてでも、ともかく存在している、という現実も起こり得ない。頑固な事実が可能であるという絶対的な「事」、その可能性を絶対的に開いている「世界」の世界性、すなわち「一即多　多即一」という「これら二つの相即関係の相即関係」（一即多／即、／多即一）、その「即の即」は、いわば「零即零」とでもいうようなもので、そのような「即」の処が「事事無礙」の世界ということになろう。「事事無礙法界」は「宗教的世界」の有り方を示す。

有と無、知と不知を包括し且つ理と事とを回互的に相即せしめる如き理事無礙なる「法界」の極まる処において、その法界が一歩自らの外へ出て、もともと自らの根柢をなしていたものへ、それ自身の「もと」へ帰った所、いわば理事無礙法界の脱自的な自覚の所、それが事々無礙法界といわれる所に外ならぬ。……〈杜順は〉事々無礙を（現代風にいえば）Aという男が酒を飲んだらBという男が酔払ったとか、或は、病人ができて医者を呼んだら、そこにいたシェーパードに注射した、というふうに言い表わしている。……事実と事実（例えば飲酒と酔い）の間の連関（例えば因果性）が、不条理な関係でありながら意味をもち得るのは、さきにも触れた如く宗教の次元においてのみである。その次元を開く鍵である「信」、宗教的な意味での「信」によってのみである。……不条理にも拘らず、むしろ却って不条理である故にこそ、それを信ずるというのが、宗教的な信である（一四五―一四六）。

第三章でも論じた「南山に雲起こり、北山に雨降る」という「事事無礙」の不合理の問題が、ここでは「信」という宗教の根本の事柄として示される。「無礙」とは障壁がない、ということだから、「理事無礙」の場合は、理と事の間に障壁がなく「相即」するということであるが、ここではそれぞれ独自に存在して無関係な事実と事実とが相即する、ということである。Aが飲酒するというAの事実と、Aと無関係なBが酔うという事実とが、相即相入する。

エジプトからユダヤ人を導いたモーセが神の山ホレブに来ると、「神はしばの中から彼を呼んで、「モーセよ、モーセよ」と言われた」。モーセは、「「ここにいます」と言った」、と旧約聖書では記されている。神が、「モーセ、モーセ」と二度呼び、モーセは、「我ここにあり」と神にうったえるのである。

またイエスは、ヨハネによってヨルダン川で洗礼を受け川からあがると、天から声があって、「これはわたしの愛する子、わたしの心にかなう者である」という神の声を聞いた。さらにパウロはクリチャン狩りの途上で、「サウロよ、サウロよ、なぜ私を迫害するのか」というイエスの声を聞いて、驚いて落馬し三日間視力を失う。イエスは、やはり二度パウロに呼びかけている（最初の呼びかけは外からの声だが、二度目の呼びかけの声は、自己のうちから聴こえる声であろう。外からの声が内からの声となるためには、やはり二度の呼びかけが必要なのであろう）。これらの例では、神やイエスの「声が聞こえる」という「イメージ」（ふつうの意味で「聞こえた」ということではない、「想像」された、つまり心のなかに聴いた声というしかないゆえ「イメージ」だが、しかし心のリアリティーに根ざす）から、「信」が発こっている。

仏教では、「二河白道」という物語において、釈迦の声、また阿弥陀の声が聴かれる。私たちが生きている世界である娑婆世界の火の川（愛欲、我欲の奔流）と水の川（怒り、憎しみの暴流）の間に、細い微かな「白い道」（煩悩の渦中におこる清い信心の道）が、通っている。後ろ（此岸）からは、釈迦の「ゆけ」という声が、前（彼岸）には、阿弥陀仏の「きたれ」という声が響く。

法然は、「深心といふはすなはちこれ深信の心なり」、すなわち阿弥陀の本願を深く信じるのは、深い心の働きとしている。親鸞では、その心が起きるのは、「如来よりうけたまわる信心」と徹底される。「称名念仏」の声の中に、「信心」の声が聞こえるところに、「深心」がある。

いずれにせよ信の心の起こるところに、やはり「声」が聴かれている。「声」というイメージに、宗教の世界は満ちている。時空が離れていながら直に届く、というイメージには「声」がふさわしいのかもしれない。

まったく無関係な事実（Aが飲酒し）と事実（Bが酔う）とが響き合う（相即相入）、ということは、事実がイメージに転位する（深い心の世界の出来事）ということと考えられる。宗教的世界が、幻想的イメージに溢れるばかりの「物語」となることは、「事事無礙」の世界の内観は、イメージによってしか現わされない、ということにもとづくのであろう。

しかし、「理事無礙法界の脱自的な自覚の所」が「事事無礙法界」と考えられるなら、イメージにおける「（自）覚」はいかに考えられるのであろうか。ここで「共通感覚（sensus communis）」ということが、主要問題として正面に浮かびあがってくる。

「共通感覚」という問題は、西谷の場合、哲学研究において「悪の問題・ニヒリズム・宗教」という一連の問題を論じる中で、『アリストテレス論攷』（『西谷啓治著作集第五巻』創文社、一九八七年）に源流をなす関心の底流となっていた問題であったはずである。感覚は「受動性」が本質と見られる（ものによる感覚への接触があって感覚が成り立つ）が、「受け取る」という能動性がなければ、やはり「受動性」もじつは成立しない。したがって西谷は、「感覚する」、つまりそこに「能動性」を見ている。『アリストテレス論攷』は、この素朴な事実から始まっている。

まず感覚は、体験の事実に基づく。蝉の声が聞こえる、ということは、体験である。「蝉の声」を感覚する、というとき、そのある声が蝉を想像させるイメージ（心象）をもたらすということを基礎にしている。すなわちイメージには、声を蝉と受け取る能動的な感知が働いている。つまり「感覚する」という力が、働いている。その力は、聴覚のみならず感覚一般に共通している。感覚自体においては、たとえば五感は一体化していて、日常的にも「声がみられる」、「においをきく」等の言い方もあり、「音を見る、時を聴く」ということも言える。そもそも命は、単細胞から始まっている。したがって五感は分岐しておらず、一細胞のうちに、いわば「感覚」の「原動態」のようなものがあって、五感は元は一つであったはずである。

目に光がふれ視覚が働き、耳に空気がふれて聴覚が発揮される、その他の感覚も「ふれる」ところから始まっている。したがって、感覚の原態は「ふれる」ということであるだろう。自他が障壁を境にして「ふれる」ということは、本節で述べてきた自他の限界線の構造のもとにある。そのように見れば、イメージの問題を考えるための伏線として、限界線の問題が取り扱われていたと思われる。論考「空と即」はなお、すでに述べたように本題の半ばまでしか論じられなかった、と西谷が述べているが、展開されなかった部分では、おそらくイメージの成立構造に立入ったところで、限界線の問題も再論されたであろう。

主観と客観、人間の側の認識能力とその対象となる客観とが、いかに関係しうるか、ということは認識ということ、また知るということが解明されるための、一番基礎にして根本の問題である。感性が対象を捉え、知性が感性を通して与えられた対象を形作って認識が成立すると考えられる。しかし、そもそも人間の意識が対象を意識する、すなわち内側のものが外側のものと関係しあということが、なぜ言えるのか。その説明のためには、つまり対象意識が成立するためには、意識と客観物とを媒介するものがまず想定されなければならないであろう。たとえば机という物質が、そのまま眼の中に入ってくるわけにはいかないのだから。

そのような媒介者として（感性のうちで働きながら知性と共通な能力を持つゆえに媒介者となるが、感性とも知性とも異なる独自なものでなければ媒介者たり得ない）、具体的に対象と接する個々の感覚とも、また意識の内にある普遍的な知性とも異なる、「感覚する能力」、「imagination の力」、すなわち「共通感覚」と呼ばれる独自の能力が、アリストテレス以来考察されてきた。その能力は、事実と相即している感性が、事実から移り、映す働き（imagination の力）のもとに、言葉の世界における、言と言の響き合いによる想像の世界の創造、また言と事との相入、すなわち理と事の相即を生み出す。そのような働きの力が、〝Einbildungskraft〟である。

近世哲学では、カントが構想力を、感性と知性とを媒介する力として、『判断力批判』で取り扱っている。三木清の『構想力の論理』も、『判断力批判』の論述が山場を迎えているところで、道なかばにして中断せざるを得なかったが、三木、西谷という二人が、「構想力」の問題を最後に扱ったことは、西田哲学成立の掘り返しにおいて根底的問題となるものが、構想力の問題にあったことを思わせる。もっとも手前の世界（直接経験）と高度に観念的世界（絶対無の哲学）とを結ぶという試みの、根源的であるゆえに解明の最難所となるものが、構想力の解明のところにある。

純粋経験に立つ直接的直観となる「この茶碗を見る」という感性的経験は、いったいどのようにして始まり、成り立つのだろうか。

どんな次元であっても、「見る」ということが含まれてくる限り、初めに物の「形」ありきと言えるのではないか。如何に知性的な学であっても、現実の「世界」に物があるという事実、そしてそれが感性における直観や知覚によって――即ちその直観や知覚のうちに又それらとして――物の「形像」を通して見られ知られるという経験なくしては、実際に発生し得なかったであろう。物の形像は、物が「見える」とか、物が「現象する」とかの仕方そのもの、物自身に即しての物の現相又は見相であり、その限り感性の領域に属するものであるが、同時に物を見る作用の始発点でもある。物が茶碗として、松や竹として、犬や猫として見られ、名前をつけて呼ばれ、概念的に規定されてくる手懸りである。その意味で、知性の領域との連関を含んでいる。知性的な「見る」を「反省」（又は「返照」）という言葉で代表させれば、物の形像はどこまでも反省以前的であるが、同時にまた反省以前でもあると言える。さきに言った如くimageの領域は、感性と知性との二つの全く異なった領域の中間に、これらの領域と切り離せない連関を含みつつ成り立つ。それは両者を切り離すという仕方で結びつける。その場合、さきに「限界」について語ったように、imageは、感性の領域ではあくまで物の感性的な形像として、知性の概念を表現し、同時に知性の領域ではあくまで知性的な形相（又は「性相」）として、感性の形像又は「現相」を表現する。そういう二つの相を一体にしたものが、imageそのもの（いわばimageの「体相」）である。それ故、imageはそれ自身としての独立な有り方をもち、それ自身に固有な根源をもつものでなければならぬ。その根源は、imagination（構想力）と呼ばれてきた力の根源に外ならないが、その力を端的に表わすのが、通常「想像」と呼ばれる働き、更には「空想」と呼ばれる働きである（一五七―一五八）。

「見る」という人間の作す（ポイエーシス）経験の働きが起こる初めには、さきにもふれたヨハネ福音書のプロローグ、「初めに言葉があった」、と言われるように、根元的な意味での「言葉」、それをもっとも素朴に言えば（もちろん重層的で複雑な考察が絡んでくるが）、物の「形」がある、と考えざるを得ないであろう。たとえば「茶碗がある」という存在の事実は、感性において生じるイメージとして映るという「経験」なくして成立しない。もちろんその経験は個人的なものではなく、「経験あって個人ある」という意味での経験である。

「茶碗」という「形」は、感性の内にあると同時に、その「形」は「形相」や「観念」、さらに「概念」にまで展開される原初形である。感性と知性とが重なり合うところに成立する「形」は、感性とも知性とも異なる独自の力が生み出すものである。たんに感性からも、またたんに知性からも、生み出されず、感性と知性とが総合されることによって生じるものでもない、両者の総合以前のものだから。

構想力はそういう独自の働きであるゆえに、「空想」を生み出しうるのである。構想力の生み出す形は、それ自体としては、何ものでもありうるもの（理も事も透り、通り抜ける）でなければ、空想を作り出すことはできない。すなわち「空」の処にはたらく「イメージ（心象にして、物の形像（かたち））」の問題として、構想力は論じられねばならないであろう。論考「空と即」は、「イメージ」の問題を軸に、「即」から「空」の問題へ、さらに「空」自体の問題へと構想されていたのではないだろうか。その「空」と「イメージ」の部分が、なお残された問題の半分であった、と思われる。

いずれにせよ公表された部分で論じられたことは、つぎのように総括される。

構想力が感性と知性との両方の領域に介在し且つ介入しながらその両方と根本的に異なって、常に情意と結びつき、その情意のうちから自由に image を作り出して来るということに注意したい。image としての形像や心象の生命は情意にあり、それによって感性的直観や知覚が与えない形像を創出し得る。また感性の領域に現象する物にも、知性の領域に思考される表象や概念にも、情意の要素を附与し得る。藝術家の創作も宗教家の信もそういう構想力の働きを通して人の心から心へ直接に伝わり得るのである（一五九）。

情意に空が映ることが、イメージの働きに究明された。さらに「情意に映る空」から「空に映る情意」という問題として、「心」とは何かという論点が、書かれなかった半分の部分に論じられる予定ではなかったであろうか。

哲学頌 西谷啓治の言葉

──「名月清風　是れ我が家」（寒山詩）──

哲学頌　西谷啓治の言葉
――「名月清風　是れ我が家」――

「生」と「死」の二重写し

「あらゆる生けるものは、そのままで死の相から見ることもできる。……〈芭蕉も〉「稲妻や顔のところが薄の穂」という句を作っている。……禅語に「髑髏野に遍し」というのがあるが、その野はたとえば銀座通りのことである。……銀座は現在の美しい銀座のままで薄原と観ることが出来る。いわば写真の二重写しのようにして見ることが出来る。むしろ実は、そういう二重写しが、真実の写しである。真実は二重である。百年たてば今日歩いている老若男女は一人も生きていない。しかし一念万念、万年一念というように、百年後の現在は今日すでに現在である。それ故、元気に歩いている生者そのままを、死者として二重写しに見ることが出来る」（X‐五八～五九　以下ローマ数字は著作集の巻数である。漢数字はページ数）。

足元も天空のうち

「底知れぬ深い谷もじつは際涯なき天空のうちにあるとも言えるが、……その場合天空というのは、単に谷の上に遠く広がっているものとしてではなく、地球も我々も無数の星もそのうちにあり、そのうちで動いているところとしてである。それは我々の立つ足元にもあり、谷底の更に底にもある」（X‐一一〇～一一一）。

宇宙的虚無においてある「我と汝」

「庭先に咲いている小さな草花も、種粒のなかから出現して来てやがて土に帰り、この世の続く限り永久に二度と再び現れない。そして我々はやはりその美しい姿相が何処から現れて何処へ消えて行くのかを知らない。それの背後には絶対的な虚無がある。その虚無は我々の背後にもあり、我々と草花との間にもある。その虚無の深淵を距(へだ)てて、目前の草花も我々には知らぬ存在なのである。……凡(すべ)てのものはもともと、本質的には、（つまり、それが虚無の上に存在するところ、虚無のうちに現成するところでは）名なきもの、名付け得ぬものであり、また見知り得ぬものである。……最も身近なものと我々との間をすら距てる虚無の深淵は、……世界のあらゆるものの背後にある。例えば銀河系や星雲も虚無のうちを脱することは出来ない。そしてその同じ宇宙的な虚無が、我々の間を距てている虚無である。談笑している我々の間の底なき断絶のうちに、銀河系がひろがり星雲が渦巻いているともいえる。という意味は、一つの室内で対坐している我々が、各々いわば全宇宙の外に立っているということである。即ち、何処から何処へか知られ得ないような、虚無の上に現成している身心として対坐しているのである。それが虚無の深淵ということである」（X-一一四～一一五）。

事(こと)が言(こと)する

「ロゴスは「言葉」という意味をもっているが、かの実存の立場ではそれは「こと」（事にして言）の意味を帯びてくる。……「空」における「もの」自体のあり方では、「あるがままに」と「あるべきように」とは全く一つであると語ったが、その一つなるところに「こと」（事にして言）としてのロゴスが現れる。……「もの」が「ある」ということは、原本的には、「もの」がそれ自身を言い現していることであり、且つまた、自らを言い現すことにおいて、同時に自らをあらしめているものを言い現し、それをさし示し、それを「あかし」（明・証し）ていることである。……我々が理法を知るのはすべて「もの」からである。我々が「もの」から聞くのである。……「松のことは松に習え、竹のことは竹に習え」というところから出発し、またそこへ帰る。松の「こと」は松が語っている、竹の「こと」は竹が語っている。……「もの」がありのままに「ある」ことと、それがそれ自身の「こと」を語っていることとは、全く一つだからである」（X-二一四～二一六）。

深淵に見入られると、転換が起こる

「〈虚無が実存的な死として現成してくることは〉「君が長いあいだ深淵に見入っていると、深淵も君のうちを見入ってくる」、とニイチェが語るようなことの途上である。……〈虚無が現前し、虚無の参与が起こるにいたって〉そこに大きな根本的転換が生起する。……我々はそれについて何故と問うことは出来ない。それには考え得られるべき理由はあり得ず、またあり得べき根拠は考えられない。

というのは、その転換は、総じて理由というものが考えられ得るような、或いは根拠というものがあり得るような、そういう種類の事柄の成り立つ次元よりも一層根源的なところでの出来事だからである。……"Was"〈何〉の入り得ぬところはただ"Dass"〈こと〉のみである。或いは、実存とはそういうものだという以外にはない」(X-二五四)。

「空」と「自然法爾」

「空の場は、いわば周辺なくして到る処に中心のある場である。……現存在は無我からの性起となる時、かかる場のリアリゼーションとなるのである。その場において自己中心性が他者中心性と一つにのみ成立し、他者中心性が自己中心性と一つにのみ成立し得るのはその故である。そしてそれは当然でもあり自然でもある。すなわち「法爾自然」である」(X-二九〇~二九一)。

生への執着を隠した死

「〈守屍鬼(しゅしき)、いわばゾンビのような存在は〉既に死んでいるのに、しかも死に切れない。裏から言えば、もはや生きていないのに、なお生の執着を残している、というような矛盾を含んだあり方である。……そういう執着からの離脱に開ける宗教の世界の内部においてさえ、切られた筈の執着がなおどこまでもその隠れた根を残し、そのことに気付かぬ者に対して深い陥穽(かんせい)になる……信仰や悟りが成立するいろいろな峠の頂上に、そして登高につれてますます隠微な形で、そういう陥穽はいつも脚下に伏在している。……単に俗界に死することによって天上に生きるということなら、地上の執着が天上の執着に換っただけである。登仙して天界に生きることは、俗世に死したという死の影を、尻尾のように後に引いている。仙人は地上から天上に登って来た道を忘れ去ることは出来ない。地上との繋りは隠微な形で彼のうちに残されている。また、地上の生に死するといっても、天上の生への願いが働いている限り、その死には生への執着が裏に隠れている。……生き切れない生と死に切れない死とが一つに絡み会ったそのあり方は、……彼の立場を、通り抜けのない袋小路にしている」(XII-四五~四七)。

「愚を握る」という執着

「知を得たことが人間の有り方に及ぼす影響の仕方、言い換えれば、知そのものよりもむしろ知る人間の知性が問題である。得られた知の確かさが知性に確信を与え、そこに安住の処を得た知性が自らの信念に閉じ籠もる体制を見せ始めて、かくして知性のうちに、心全体の自覚を洞窟化する骨組みが現われてくる。その時、真の自覚にまだ到り得ていないという自覚を欠いた、半途的の自覚が、無自覚性を底にもつ陥穽として成立してくるのである。そこでは、高みに達した知の明るみの裏側に、無知の闇が一層濃く残されてくる。……真実と虚妄との切り離せない絡み合いが生ずる……その無知についての無知の故に、知は自らの立場を固く守り、それによって底なる無知をも固く守る。そういう姿を寒山は、「愚を握って」と言ったのである。……そこに現れている人間のあり方は、自分の意識にある確かさに盲目的に囚われていることであり、それが執着ということである」（Ⅻ-五三）。

どうしようもない哀しみに

「新しきも旧きも共に凋落し尽くすとかいうのは、人生の深い諦観から出た言葉である。従ってまた、「此れを以て思ひ自から哀し」という悲哀も、単に、世間での栄達を断念した人、或いは世人の軽浮が厭になった人の悲観的、或いは厭世的な気持ではない。人生そのものの底から出た哀しみである。……それが何に対してというものでないだけに、それは一層深い哀しみ、どう仕様もない哀しみである。しかも、どうしようもないようなその哀しみこそ、人間がそれに堪え切れずに「どうしよう、さあどうしよう」と問わずにはおれない哀しみなのである」（Ⅻ-六四）。

重々無尽碧層々

「家に住むことにおいて同時に山に住むというような者にあっては、その二種の「住」は、彼の「住む」ことの上で一つになる。そして彼の「住」はその二種の住に自由に出入する。……それらの「住」は彼の「住」において、つまりそれらを自分の存在そのものの場とする彼自身において、互いに相通じ、互いに映し合い含み合う。家に居ることのうちに山に居ることがあり、山に居ることのうちに家に居ることがあり、しかもそれが二種の間だけでなく多種の間に成り立つ。それは重々無尽といわれるような、無限に複合的で重層的な「相即相入」の関係である。多種の「住」は彼の「住」のうちで互いに融通し合い、そのことにおいて一つである」（Ⅻ-八五〜八六）。

「寒山」にいたる道はいずこに

「全宇宙を裾野にした弧峯頂上に居るこの寒山には、「外」というものがない。従ってまた「外」に対する「内」もなく、その意味ではすべて丸出しである。偏界曾て蔵せず、隠れたところは毫末もない。別に入り口というものもなく、門戸もない。もともと無門である。しかし、そのことはまた「外」からの通路が全くないということである。……寒山の「中に到る」道は唯だ一つしかない。それは寒山の中心へ躍入することである。つまり「君が心　若し我れに似たらば」である。ここでも結局、「心」が問題である」（Ⅻ-九七〜九八）。

倫理も藝術も宗教も、届かないところ

「寒山は生も死も雙つながらに美だ、と言うのである。これは自然科学では言えないことである。（科学は美醜に関して無記である。）しかし科学ばかりでなく、普通の藝術の立場からも、一般の倫理、のみならず一般の宗教の立場からさえも言えない。……ここで言う雙美は、例えば古代希臘的な善美合一でもなく、近代的な真美合致でもなく、「美」観念の単なる破棄でもなく、善悪の雙美、美醜の雙美としか言いようのないものである。しかしそれが禅によって、少なくとも問題として提起されている。のみならず、それは禅自身にとっても大きな問題である。それを妄りに把捉して最低に転落する危険は、禅にも絶えず伏在する。まことに、この事は究むるに容易ならずである。それはつまり、人間の含む可能性を究めることが容易ではない、ということである」（Ⅻ-一〇七〜一〇八）。

絶対空の明るさ

「凋梅〈しぼんでしまった梅花〉雪　花を作し　杌木〈枝葉の落ちた木〉雲　葉に充つ……／……幽深にして論ず可きこと難し　風なくして蘿自から動き　霧らずして竹　長へに昏し」……この風光にも一種の明るみがないではない。……ここでは冬山のことだから、雪が花であり、雲が葉である。ここで言われているような冬景色は、冬の山を知っている者がよく経験することであろう。……しかし山中に幽居を続けて来た寒山が見たのは、そういっただけの明るさではない。深山の冬景色の底から出て来て、その景色を包んでいる、特殊な明るさである。……ここでは、すべてが落ち尽した「真冬」が風景の素地になっている。それはもはや「虚」と言っても足りない。その凛冽な冷厳さは、むしろ「空」と言うべきものである。そういう処から漂ってくる明るさとはどういうものであろうか。……すべてが落ち尽した風光の素地である「真冬」は、絶対空とか絶対知とか言った心地の光を漂わせているのである」（Ⅻ-一一五〜一一

八）。

雪が花となる幻化の世界

「〈空の場では〉「かたち」をもったあらゆる「もの」は、それぞれのものとしての如実のままで「幻」である。実即幻、幻即実としての現象、すなわち現象するものなき現象である。（いわゆる「如」である。）花の落ちた庭前の梅が雪の花をつけ、裸になった山の木々が雲の葉を茂らせるというのは、「真冬」の素地である「空」の場での現象にほかならない。……雪を花と見たのは、雪の現実を、現実としての真実において看得したのである。雲を裸の木々の葉と見たのは、雲の現実の現実性を、通常われわれが見ていない深さで見たことである。もちろん、雪を花として「幻化」するのは、詩人のはたらきである。しかしそれは空想とは違う。……詩人はどこまでも雪や雲の冬景色を見ているのである。ただしかし、真に見ているのである。冬という季節に雪や雲を現出させるのは自然の造化のはたらきだが、そこに現出された風光を真に見ることは、自然から遊離した人間の空想では出来ることではない。むしろ逆に、自然に帰り、自然のうちに沈潜せねばならぬ。……人が山中に居して、造化に随って造化に帰って行ったという処から、雪を花と幻化する詩的なはたらきも自然に現われて来たといえる」（Ⅻ－一一八～一一九）。

獨一の「ひとり」

「鳥道　人迹（じんせき）を絶す」とは各自ひとりひとりという有り方だと言ったが……この「ひとり」は、自己が自己の獨一的な有り方をどこまでも離れ得ないという処で言われる「ひとり」で、その有り方を一歩でも離れれば、その意味が全く変わってしまうのである。……万人共通といったのは、自己一人としての有り方が人間のひとりひとりに本来属している、という意味での普遍性だったのである。しかも、その普遍性がなければ、自己ひとりということも、単に主観的に自己意識のうちに閉じ籠っただけの有り方になり、主観的な想念（むしろ妄念）になる。……自己が本来的に自己ひとりであり、また真にひとりなる自己自身になるべきだという方向は、人間という存在の本性に属し、いわば一切の人間のうちを各自的に貫通している筋道（すじみち）である。そういう普遍性は単独性そのもののうちに含まれており、単独性はその普遍性を含んでのみ、真に単独性たり得るのである。……各個人が真に個人であるということにおいて却って（或いはそれ故にこそ）、「人間」という「類」を表現している」（Ⅻ－一三三～一三四）。

詩の力

「露に泣く　千般の草　風に吟ず　一葉の松」……露に泣きぬれた千々の草を言い、風にうそぶく一様に生え広がった松を言う時、その全体にはもとより、「泣」とか「露」とかそれ以下の一々の語にも、何とも言えぬ（おそらく「幽」なるとでも言うよりほかない）意味が籠っている感じである。その意味とは、禅の骨骼をなすさまざまの法理が、法理としての骨っぽさを失って一つに融け合った、そういう処に現われてくるような意味である。……はっきりと規定された意味をもつ言葉で表現されるような、さまざまの想念や思想形態が籠って居そうな感じがありながら、決してそうはならない。禅理として捉えられるようなものは何もない。知性の言葉がすべて死んで、幽界に移っているという感じである。……知性的な言語表現を絶したものを表現しているのが、詩の力というものであろう」（Ⅻ－一三四～一三五）。

来た道を忘却した境

「形　影に問う　何こ従りすと」は、あたり一面の草が露に泣き、粛々とした松風の音のみ聞える処に来て、徑に迷い、もと来た道がわからなくなって、しかも問うべき人とてないままに、われとわが影法師に、一体どこから来たんだっけと問う、というのである。これは「忘却す　来時の路」と同じで、自分というものを俗世間と繋いでいた足元の糸が、ここですっかり切れたということである。……自己本来の面目が現われて来たという決着であり……形が影に問うというのが、絶対に「ひとり」という獨脱の境を意味することは、言うまでもない」（Ⅻ－一三九）。

ひとりに伴う

「「歌を助くるに声として鳥有り、法を問わんに語るべく人なし」……彼ひとりの処における鳥とのその共存……鳥がそこに自分と「ともに」居て、自分の伴侶になっているということ、自分の「友」になり、自分に伴って、ともども居てくれるということ……鳥の存在そのものが、真のリアリティをもって、彼ひとりの処に現前している。「声　鳥有り」という言い方に、その鳥の存在のリアリティも「声」のリアリティも浮き出ている。その「声」の重さは、例えば芭蕉が聞いた、蛙とびこむ水の音や、岩にしみ入る蝉の声の重さと同じである。自分ひとりという絶対的な単独性が、万物共在の窮極場である「世界」の広さを内に持っているということが、そこに現われている。……鳥も草も石も、それぞれの有り方をしながら、そこに共にある。よく見れば薺花さく垣根かなである。それが「もの」の有る世界であり、その有の窮極相においては、ものみながそれぞれ自身として「自得」しているのである、一羽の鳥がそれ自身としてひとりなる処に入るには、寒山もひとりにならねばならぬ。……その時、その鳥は寒山ひとりの処に入り来り、彼の友となり彼に伴い、人となって彼と伴に歌う。鳥ばかりではない。「松風　獨吟に伴う」と言うのも同じことである。そういう処が、存在の場である「世界」というものの根本にあり、われわれの存在の脚下にあり、そこでは、人も鳥も、人の歌も鳥の声も、すべて「幽」といわれる微妙な趣をもっているのである」（XII－一四一～一四二）。

「自己」の開けと「世界」の開け

「絶対にひとりとはそういう自己、「無我」なる自己のことである。それで初めて、「他なし」ということが万有との近親性を意味し、よそよそしい「他者」であるような一物も無いということであり得る。……絶対無一物の処としては、それは自己が真の自己の自覚に達した場として、自己のうちに自己意識的な分別心を超えて開けてくる開けである。この自己の開けは真の自覚としてそれ自身知である。その処においては場そのものが知であり、知が場である。……そういう自覚知として、それは「心」ともいわれ得る。……しかも、自己における、このような心の開け、或いは、このような心としての自己の開け、更に或いは、自己における、このような心としての自己の開けは、同時に世界の開けと一つである。……自覚智はもともと世界智である。……世界の開けと一つである知は、あらゆる相対的な有と無に絶対的に（絶対肯定的にあるいは絶対否定的に）出入し、相対的なるものをその相対性の真実において露わならしめる。柳をその緑と不緑において、或いは花をその生と滅において露わならしめる。……知がそのような自由また自在の相を帯びるところに、それは「知る者」の性格を含んでくる。……世界智のうちから「人」の性格がおのづと現われてくるということである。……自己の開けと世界の開けが一つということからすれば、世界の無底なる開けがそのままで自己の開けになってくる」（XII－一四九～一五二）。

「花は嶮處に開く」〈西谷の創句〉

「「石巌に棲息して煩縁を離る」……石巌に棲息するというのは、一切の人間臭さ以前の状態である。……巌に花の咲けるが如くということでよい。……保津川下りをして、黒ずんだ巌に金鳳花が燦然と輝いている前を通り過ぎ、一瞬、感に打たれたことを想い出す。或いは寒山のこの場合はむしろ、花は嶮處に開くというようなことがふさわしいかも知れぬ」（Ⅻ－一六八）。

真の禅の面目である「閑無事」においてすべてが光る

「「三界に横眠して閑無事」……禅でいえば、禅理の影すらもなく、悟りの匂いもない。……「人」は野にあって天子の如く自由である。眼横鼻直、任運騰々で、行きたければ行き、眠たければ眠る。……禅はあらゆる知識やその対象になるすべての事柄を一挙に超越したような立場である。……〈その立場にも矛盾が含まれる〉禅における求道は、一方では、禅の道に含まれている理にあくまで従い、また求めるという行履〈禅における行住坐臥〉にとり必須であるような方法にも依らねばならないが、それと同時に他方では、一歩一歩その理法を脱し、求道ということに含まれる矛盾を乗り越えるということでもなければならない。いわば矛盾のなかにあって、矛盾を極めるという仕方で矛盾を脱するという、徹底した矛盾である。禅の道がそういう矛盾をもつということは、禅にも禅の尾巴があるということである。……それを抜け切った処が、禅が初めて真に禅の面目を現わす処である」（Ⅻ－一九一～九四）。

「その事理相即の立場は、理事無礙といわれる処にまで帰って解釈され得る。……しかし、そこになお「理」の痕が残っている限り、行において従うべき規範の跡が残っている。……すなわち、己事究明はなおその道程の途中にある。軌則の痕が残っているのは、まだ軌則の格子を通過していない部分が尾巴として残っているからである。……その尾巴は、もともと軌則の格子には嵌まり得ないもの、軌則から喰み出したものであって、軌則が存する限り、軌則を通過しないからである。……その処を、「大用現前、軌則を存せず」……「生也全機現　死也全機現」……「任運自在」……「心月弧円にして、光　万象を呑む……光の境を照らすに非ず、境亦た存するに非ず、光境倶に忘ず、復た是れ何物ぞ」……「事に於いて無心　心に於いて無事」と言い、その他さまざまに表示して来た。……法理における通り難い関門を九重の奥深くまで透過し、深秘の処まで到達しながら、然もさらに翻って、深秘の痕跡をも全く残さぬような処に出たのである。……深秘の極まりを更に一歩進めて、深秘の痕もない深秘にまで翻れば、底なき底といわれた深さは、総じて根底といわれるもののすべてでないような全くの表面、深さというものの影もない浅さとして現われる。如何なる底もない底は、底というもののない表面と同じである。その表面では、絶対の一点に統一された周辺なき処に今や無数の中心がある。一点の雲もない晴空に、一輪の明月が天心にかかるという風光に代わって、森羅万象がそれぞれにそれ自身の光を放つという風景が現われる」（Ⅻ－一九五～一九七）。

●寒山　生死せず

「「寒山子　長へに是くの如し　獨り自ら居り　生死せず」……〈「我れ山に居す　人の識る勿し　白雲の中　常に寂寂」〉。まさに「空」に帰し去ろうとする半歩前の処である。ここではもう「老」の字さえなくなっている。「死」の影が幽冥の界から立ち昇って来て、彼の廻りに立ち籠めているかのようである。……〈「幽居」としばしば言われているが〉ここではその「幽」の性格は変化している。……「死」が幽冥といわれる場合がそこに加わっている。……〈ここでの言葉の単純化〉そういう単純化や前後際断的な措定を可能にしたものは、外ならぬ「死」の投影であったに違いない。その投影のうちで、彼の存在が今まさに空に帰しようとし、彼の幽居がその性格を変じて来た処で、彼の「我れ山に居す」はその骨髄において現われて来た。……〈そういう事情は、「寒山子……」の詩を見れば、一層はっきりする〉寒山が自分をただ「寒山子」と出して来たのには、千斤の重みが感ぜられる。……その寒山子は、「長へに是くの如し」だと言う。ただ「如是」というだけで、何が何だということは何もない。しかもこの如是が何時までも永久に、である。「獨り自ら居り　生死せず」である」（XII-二三三～二三五）。

●時と所を選ばず「白雲　鶴と同じく飛ぶ」

「青空は、ふだん絶えずわれわれの感覚に上っている。しかも青空は永遠であり、眼に見える永遠なのである。……「眼に青霄（せいしょう）〈「霄」は「そら」〉を看る」という言葉がある。この場合は、あおぞら（青霄）とは、知性や意志などを含めた人間の心における最根底のところを言ったものである。つまりさまざまな形をとって現われてくる心の奥底にある、形のないところである。……人間のそういう最も深い精神的なところを、青空を看ると言い表わしたところが、おもしろい。……肉眼で青空を見ることが、心眼で虚空を看るところへまで直通し、心眼で虚空を看ることが、そのまま肉眼で青空を見ることにもなる、ということかも知れぬ。……青空にぽっかり白雲が浮かび、また悠々と流れる。古人はまたそれを看ることを好んだ。「行雲流水」ともいう。肉眼が心眼、心眼が肉眼ということからいえば、人と車の雑沓する市街のただ中にも、青空と白雲は入りまじってくる。「行いては到る、水の窮まる処、坐しては看る、雲の起こる時」というむつかしい言葉があるが、その「時」と「処」は、時と処をえらばぬ。いつどこにも在る」（『京都哲学撰書　第十六巻　西谷啓治「随想集　青天白雲」』一八七～八九）。

あとがき

関西学院で学び、関西学院大学教授久山康先生とお出会いさせていただき、久山先生を通して西谷啓治先生と接する機会をいただいた。久山先生が主宰されていた「国際日本研究所」による、セミナーや西谷先生のご講話のおりには、まじかに西谷先生の謦咳にふれることができた。ことに佐々木徹先生にお誘いいただいて、幾度か西谷先生のご自宅でおはなしをうかがう稀有な経験をさせていただいた。一五時ごろに訪問、二四時近くまでお邪魔することが常であった。その間、先生は小さな二人掛けのソファーに横になって、タバコをくゆらせながらほとんどお一人で問題を展開し続けられて倦むことがなかった。

その時間は、わたしにとっては、胸奥にいつも呼び戻せる、この世におけるもっとも不思議な「時」であった。先生と時間を共にしている場が、哲学の思索世界そのものであった。お別れを申し出ると、先生は一瞬「もう少しいても」という気配を漂わせられたが、瞬時にその気分を消された（西谷先生は、一二時近くになるとますます思惟の趣きが冴えてくる感じがあった）。そこに、心の通う、どこか肯定的で温かい、西谷的人間禅の振る舞いを感じとることができて、別れは満たされた思いにいつも包まれていた。

関西学院大学院哲学科博士課程在籍の三年間、大谷大学での西谷先生の講義を、毎週月曜日に聴きに行った。先生だけに聴講の許可を得て、今はもうなくなっている、いくつもの教室が一列に配置された、大きな長細い教室の最後尾に、潜り込んでのことであった。一人の知人もいなかったので、講義が終わると教室後ろのドアから真っ先に廊下に出た。先生は前のドアから、サッと廊下に出ておられた。廊下に学生は誰もおらず、教室の長さ分の距離が、先生と私の間にあった。長い長い廊下から校庭に出るまで歩調を合わせて、後ろから同じ距離を保ちながら、先生の背中を見つめて、しばらく共に歩む時間と空間が、いまでも私のなかでは、先生の姿と思索のなかにある。

本書で先生の思索を追うことは、私自身の抱えた問いを私自身が改めて見つめ直し、己自身を読み直す道程でもあった。そのようなあり方が自ずから本書を、一般的な研究書のような体裁とは異なる叙述に導くことになった。しかしそのような関係は私の個人的な事柄のみのことではなく、誰にでも開かれる西谷の思索の働きでもある。西谷の思索をほどいてみせることが、西谷を一般に理解してもらう窓になると同時に、その窓はまた一人ひとりの「私」自身を開いて見る光を通すものとなるところに、西谷の思索の根本的な本質がある。西谷を開いて見ることで自己が開かれることが、私と断絶する他者と共にあるという自己のうちの「普遍性」に気づかせてくれる。その他者と共にということが、私という「個別性」を深める力となる。

純粋に学的研究でありながら、「私とは誰か」、という問いと、乖離しない思索であるところに、西谷の思索特色と、西谷を論じることの、いわば「手に負えなさ」がある。しかも個々の叙述には、立場の壁の底の抜けたところでのみ起こる共通の底流があって、その流れの波頭が、ところどころで波打ち、随所で深底へと言葉を響かせる。そのことが、西谷を論じることの難しさをもたらしている。（さらにその奥深さには、西田哲学を底の底まで歩み切ったところがあり、その歩みには東西思想を一つに見る源流が流れる。）だからいわば「手に余る」ところがある。したがっていっそ西谷の「手中」にとびこみ、その「上手」に包まれる、ということでよいのでは、と今のところは思わざるを得ない。

本書の副題を、「生死を包む言葉の哲学」とした。生死を包む言葉を紡ぐことが哲学することである、ということであるが、言葉において意味と無意味の世界が重層化するということであれば、言葉自身が哲学の世界であるということにもなる。「言葉の哲学」には、「言葉が哲学となる」という意味もある。そのことが、「空の立場」への私自身のアプローチでもある。

巻末には、長岡徹郎さん（大阪大学・全学教育推進機構教育学習支援部・助教）による「参考文献一覧」を掲載できた。これを見れば、どのような関心から西谷が論じられてきたかが、一目瞭然となる。また小林敬さん（花園大学文学部嘱託講師）には、第三章を中心に貴重なアドヴァイスをいただくことができた。上田閑照先生を中心にして始まった「西谷啓治研究会」は、いったん中断をはさみ、現在も新たに続けられている。お二人はその研究会の中心メンバーである。お二人に協力いただけたことは、本書の意義のひとつになっている。また晃洋書房の井上芳郎さんには、出版にあたってお世話いただいた。あわせて感謝申し上げる。

二〇二五年一月一七日　阪神・淡路大震災から三〇年の日に

岡田勝明

※引用は、適宜現代漢字、現代仮名遣いに改め、途中を自由に略しながらなされている。また読みやすくするために若干の変更を加えている。

※カバーの文字、「塵々悉皆帰大地」は、西谷の著書『根源的主体性』に書いていただいたものである。

※西谷啓治　略年譜

一九〇〇年　誕生
一九二一年　第一高等学校卒業　京都帝国大学文学部哲学科入学
一九三二年　京都帝国大学文学部講師、さらに助教授、教授（宗教学第一講座）
一九三七年　ドイツ・フライブルク大学留学（一九三九年帰国）
一九四〇年　『根源的主体性の哲学』（弘文堂書房）出版
一九四七年　教職不適格者に指定され、京都大学を退く。一九五二年、京都大学文学部に復帰。その間、『神と絶対無』『アリストテレス論攷』『ニヒリズム』『ロシアの虚無主義』『宗教と政治と文化』等出版。
一九六一年　『宗教とは何か』（創文社）出版
一九八六年　『西谷啓治著作集』全二十六巻刊行開始（第一期十三巻、第二期十三巻、一九九五年完結）
一九九〇年　逝去

西谷啓治研究文献一覧

凡　例

1．「西谷啓治研究文献一覧」は、2024年12月時点における西谷啓治に関する主要な日本語研究文献を収録している。
2．西谷啓治に関する研究文献の書誌情報を刊行年月の編年体で記載する。
3．西谷啓治の著作や翻訳、対談集などは採録していない。
4．雑誌論文・紀要論文の場合、執筆者、「論文題名」、『掲載誌名』（通号数）あるいは（巻数号数）、発行年月、掲載頁、注の順で記す。単行本の場合、執筆者、「論文題目あるいは章題」、『書名』、出版社、発行年月、掲載頁、注の順に記す。

作成＝長岡徹郎

1986年________

ハンス・ヴァルデンフェルス「第二編　西谷啓治と空の哲学」『絶対無　仏教とキリスト教の対話の基礎づけ』法藏館、1986年、pp. 85-205

小野寺功「西谷啓治の宗教哲学――宗教における人格性と非人格性」『清泉女子大学紀要』34号、清泉女子大学、1986年、pp. 1-20

佐々木徹『西谷啓治：その思索への道標』法藏館、1986年

1987年________

氷見潔「西ドイツに於ける絶対無の哲学――H. ヴァルデンフェルスの西谷啓治研究を中心に」『宗教研究』61巻1号、日本宗教学会、1987年、pp. 101-126

1988年________

大橋良介「「西谷哲学」：西田哲学の「突破」」『思想』768号、岩波書店、1988年、pp. 29-46

1990年________

堀尾孟「追悼・西谷啓治先生」『哲学論集』37号、大谷大学哲学会、1990年、pp. 1-3

松丸壽雄「宗教と科学とニヒリズム――西谷啓治の「空の立場」」『獨協大学教養諸学研究』25号、獨協大学学術研究会、1990年、pp. 55-76

松丸壽雄「西谷啓治――空の立場――西谷啓治の思想」『理想』646号、理想社、1990年、pp. 21-32

佐々木徹『西谷啓治　随聞』法藏館、1990年

1992年________

阿部正雄「意志・空・歴史」上田閑照編『情意における空』創文社、1992年、pp. 37-70

東専一郎「情意のうちの空」上田閑照編『情意における空』創文社、1992年、pp. 71-98

ヤン・ヴァン・ブラフト「預言者たる西谷啓治」上田閑照編『情意における空』創文社、1992年、pp. 167-198

久山康「西谷啓治と唐木順三――邂逅・開眼・瞑目――」上田閑照編『情意における空』創文社、1992年、pp. 267-302

ジョン・C・マラルド「行・三昧・自覚――西谷啓治による三つの革新的解釈」上田閑照編『情意における空』創文社、1992年、pp. 231-250

武藤一雄「西谷宗教哲学とキリスト教」上田閑照編『情意における空』創文社、1992年、pp. 5-36

源了円「私にとっての西谷先生」上田閑照編『情意における空』創文社、1992年、pp. 303-325

大峯顯「「無の問題」――西谷啓治の宗教哲学について」『宗教研究』66巻1号、日本宗教学会、1992年、pp. 1-23

斎藤義一「西谷哲学に見られる「体験と思惟の相即性」について」上田閑照編『情意における空』創文社、1992年、pp. 99-134

武内義範「あの頃の西谷先生をめぐって」上田閑照編『情意における空』創文社、1992年、pp. 251-266

辻村公一「西谷先生とハイデッガー――現代ニヒリズムの問題をめぐって――」上田閑照編『情意における空』創文社、1992年、pp. 135-166

上田閑照「西谷啓治先生のこと」上田閑照編『情意における空』創文社、1992年、pp. 325-333

ハンス・ヴァルデンフェルス「西谷啓治における仏教とキリスト教の出会い」上田閑照編『情意における空』創文社、1992年、pp. 199-230

1993年

秋富克哉「西谷啓治に於ける禅と哲学」京都宗教哲学会編『渓聲　西谷啓治〈下〉思想編』燈影舍、1993年、pp. 277-307
伴一憲「始原とロゴス」京都宗教哲学会編『渓聲　西谷啓治〈下〉思想編』燈影舍、1993年、pp. 229-276
堀尾孟「西谷先生における「宗教的要求」」京都宗教哲学会編『渓聲　西谷啓治〈下〉思想編』燈影舍、1993年、pp. 107-140
石田慶和「西谷宗教哲学の形成」京都宗教哲学会編『渓聲　西谷啓治〈下〉思想編』燈影舍、1993年、pp. 3-40
川村永子「自然の問題をめぐって――ホワイトヘッドと西谷哲学を介して――」京都宗教哲学会編『渓聲　西谷啓治〈下〉思想編』燈影舍、1993年、pp. 73-106
松丸壽雄「西谷哲学における論理」京都宗教哲学会編『渓聲　西谷啓治〈下〉思想編』燈影舍、1993年、pp. 141-167
松丸壽雄「自由と空の立場――西谷啓治の思想における「真の自由」」『禅文化研究所紀要』19号、花園大学内禅文化研究所、1993年、pp. 233-243
森哲郎「宗教・哲学とナショナリズムの問題：西谷啓治『世界観と国家観』について」『世界の窓：京都産業大学世界問題研究所所報』 9号、京都産業大学、1993年、pp. 44-59
大橋良介「西田哲学の「突破」――西谷啓治の西田哲学批判――」京都宗教哲学会編『渓聲　西谷啓治〈下〉思想編』燈影舍、1993年、pp. 169-200
大峯顯「「無」の問題」京都宗教哲学会編『渓聲　西谷啓治〈下〉思想編』燈影舍、1993年、pp. 41-72
八木誠一「覚と無礙――直接経験の諸相についての覚え書き――」京都宗教哲学会編『渓聲　西谷啓治〈下〉思想編』燈影舍、1993年、pp. 201-227

1995年

ヤン・ヴァン・ブラフト「西谷思想の海外に於ける評価に関する一考察」『大乗禅』14号、1995年、pp. 40-42
長谷正當「西谷におけるニヒリズムの問題と空の立場」『大乗禅』14号、中央仏教社、1995年、pp. 43-69
石田慶和「西谷宗教哲学概観」『大乗禅』14号、中央仏教社、1995年、pp. 5-27
延原時行「歴史・人格・倫理：『宗教とは何か』に因んで」『大乗禅』14号、中央仏教社、1995年、pp. 70-80
上田閑照「西谷啓治の哲学史上の位置」『大乗禅』14号、中央仏教社、1995年、pp. 28-39

1996年

花岡永子「西谷哲学におけるキリスト教と仏教」『大乗禅』15号、中央仏教社、1996年、pp. 16-26
J. W. ハイジック「西谷の外国における評価について」『大乗禅』15号、中央仏教社、1996年、pp. 12-15
堀尾孟「西谷啓治における哲学と宗教」『大乗禅』15号、中央仏教社、1996年、pp. 5-11
森哲郎「西谷啓治における〈宗教と現代世界〉」『京都産業大学世界問題研究所紀要』15号、京都産業大学、1996年、pp. 67-136
大峯顯「西谷における空の概念」『大乗禅』15号、中央仏教社、1996年、pp. 48-58

大峯顯「ニヒリズムの超克　西谷啓治における「空」の思想」『宗教と詩の源泉』法藏館、1996年、pp. 174-198
佐々木徹『芸術と宗教』燈影舎、1996年
上田閑照「西谷啓治――宗教と非宗教の間」『宗教と非宗教の間』岩波書店、1996年、pp. 287-316
八木誠一「仏教哲学と新約聖書神学」『大乗禅』15号、中央仏教社、1996年、pp. 27-34

1997年

秋富克哉「西谷啓治の禅理解」上田閑照、堀尾孟編『禅と現代世界』禅文化研究所、1997年、pp. 430-455
堀尾孟「ニヒリズムを通してのニヒリズムの超克――西谷啓治――」藤田正勝編『日本近代思想を学ぶ人のために』世界思想社、1997年、pp. 285-307
川村永子「禅とキリスト教――西田・大拙・久松・西谷の場合」上田閑照、堀尾孟編『禅と現代世界』禅文化研究所、1997年、pp. 540-568
小林恭「西谷啓治の禅歴」上田閑照、堀尾孟編『禅と現代世界』禅文化研究所、1997年、pp. 406-428
松丸壽雄「「中」の立場の探求――西谷宗教哲学」上田閑照、堀尾孟編『禅と現代世界』禅文化研究所、1997年、pp. 500-537
森哲郎「西谷啓治における「世界」理解――切断と反復――」上田閑照、堀尾孟編『禅と現代世界』禅文化研究所、1997年、pp. 458-497

1998年

伴一憲『家郷を離れず：西谷啓治先生特別講義』創文社、1998年
堀尾孟「西谷先生の後期思想の課題と思索」『大谷学報』77巻3号、大谷学会、1998年、pp. 1-16
池上哲司「根源的主体性の哲学――西谷啓治――」常俊宗三郎編『日本の哲学を学ぶ人のために』世界思想社、1998年、pp. 233-256
氣多雅子「「自己」の行方」『金沢大学教育学部紀要 人文科学・社会科学編』47号、金沢大学、1998年、pp. 17-37
大橋良介「「自他の回互」のテーゼ――西谷哲学あるいは「空の立場」と他者」『非の現象論　序説』創文社、1998年、pp. 89-110
矢田敏子「父との時間――こちらにいることの証し」『創文』403号、創文社、1998年、pp. 9-11

1999年

氣多雅子「西谷啓治の空の立場」『ニヒリズムの思索』創文社、1999年、pp. 32-50
美濃部仁「空の場における自己――西谷啓治の哲学」『北陸宗教文化』11号、北陸宗教文化研究会、1999年、pp. 41-52
上田閑照「宗教と非宗教の間――西谷啓治先生を偲んで」『宗教学会報』11号、大谷大学宗教学会、1999年、pp. 1-28

2000年

森哲郎「「歴史哲学」再考――西谷啓治の「世界史の哲学」について」『世界の窓』16号、京都産業大学世界問題研究所、2000年、pp. 29-34

2001年

氣多雅子「ニヒリズムと宗教哲学」『創文』430号、創文社、2001年、pp. 1-5

佐々木徹「解説」『京都哲学撰書　第十六巻　西谷啓治「随想集　晴天白雲」』燈影社、2001年、pp. 305-330

2002年

森哲郎「禅仏教と京都学派——『十牛図』から見た京都学派の〈場所〉論——」『京都産業大学日本文化研究所紀要』7・8号、京都産業大学日本文化研究所、2002年、pp. 204-225

岡田勝明「西谷啓治における「環境・情報・コミュニケーション」」『姫路獨協大学外国語学部紀要』15号、姫路獨協大学、2002年、pp. 1-18

2003年

浅見洋『二人称の死——西田・大拙・西谷の思想をめぐって』春風社、2003年

長谷正當「空と浄土——土における超越——」『欲望の哲学——浄土教世界の思索』法藏館、2003年、pp. 43-69

小野真「西谷啓治における「空」の思索の深化」『宗教研究』77巻3号、日本宗教学会、2003年、pp. 535-557

薗田担「解説」『京都哲学撰書28巻　西谷啓治　神秘思想史・信州講演』燈影社、2003年、pp. 253-269

2005年

阿部正雄「自己を空ずる神と動的な空」『世界のなかの日本の哲学』昭和堂、2005年、pp. 225-244

ブレット・デービス「神の死から意志の大死へ——ポスト・ニーチェの哲学者としての西谷啓治——」『世界のなかの日本の哲学』昭和堂、2005年、pp. 198-224

後藤正英「京都学派の神秘主義研究の意義はどこにあるのか：西谷啓治の神秘主義理解を中心に」『宗教学研究室紀要』2号、京都大学文学研究科宗教学専修、2005年、pp. 50-58

細谷昌志、長谷正當、小野真、氣多雅子「第19回国際宗教学宗教史会議世界大会企画報告集　西谷啓治の空の思想の展開」『宗教学研究室紀要』2号、京都大学文学研究科宗教学専修、2005年、pp. 3-19

上田閑照「「西谷文庫」開設記念講演会 西谷啓治とは誰か——「風のこころ」と「空の立場」に余るもの」『宗教学会報』14号、大谷大学宗教学会、2005年、pp. 5-33

上田閑照「禅と宗教哲学」『宗教研究』78巻4号、日本宗教学会、2005年、pp. 1171-1199

2006年

秋富克哉「禅と技術——西谷宗教哲学の立場から」『禅と京都哲学（京都哲学撰書別巻）』燈影社、2006年、pp. 406-427

ブレット・デービス「西谷啓治の〈禅・哲学〉——ニヒリズムを通しての絶対的此岸への「退歩」」『禅と京都哲学（京都哲学撰書別巻）』燈影社、2006年、pp. 228-249

花岡永子「禅とキリスト教——西田・大拙・久松・西谷において」『禅と京都哲学（京都哲学撰書別巻）』燈影社、2006年、pp. 428-447

細谷昌志「西谷啓治における「空のイメージ化」」『創文』485号、創文社、2006年、pp. 6-9

氣多雅子「京都学派と宗教哲学——西田幾多郎から西谷啓治へ」『哲学研究』581号、京都哲学会、2006年、pp. 29-53

松丸壽雄「西谷と科学」『禅と京都哲学（京都哲学撰書別巻)』燈影社、2006年、pp. 250-271
小野真「アリストテレスと西谷啓治」『哲学研究』581号、京都哲学会、2006年、pp. 70-87

2007年________

氣多雅子「日本近・現代における悪の理解――西谷啓治を中心として」『倫理学年報』56巻、日本倫理学会、2007年、pp. 269-279
佐々木徹「思索と言葉：西谷啓治の哲学（一)」『追手門学院大学国際教養学部紀要』1号、追手門学院大学国際教養学部、2007年、pp. 155-167

2008年________

出口康夫「真矛盾主義的一元論――後期西谷哲学の再編成（上)」『哲学研究』585号、京都哲学会、2008年、pp. 36-60
出口康夫「真矛盾主義的一元論――後期西谷哲学の再編成（下)」『哲学研究』586号、京都哲学会、2008年、pp. 24-56
岡田安弘「西谷啓治における「科学と宗教」の現代的意義――生命科学の危機的な諸問題を前にして――」『日本哲学史研究』5号、京都大学大学院文学研究科日本哲学史研究室、2008年、pp. 1-23
佐々木徹「思索と言葉：西谷啓治の哲学（二)」『追手門学院大学国際教養学部紀要』2号、追手門学院大学国際教養学部、2008年、pp. 29-41
上田閑照『道を歩む』、上水内哲学会、2008年
矢田美穂「祖父、西谷啓治のこと」『禅文化』210号、禅文化研究所、2008年、pp. 69-72

2009年________

出口康夫「ニヒリズムを抱きしめて――西谷啓治『空と即』補論」『日本の哲学』10号、昭和堂、2009年、pp. 67-83
佐々木徹「思索と言葉：西谷啓治の哲学（三)」『追手門学院大学国際教養学部紀要』3号、追手門学院大学国際教養学部、2009年、pp. 77-90
清水大介「西谷啓治における自己と安心」『花園大学国際禅学研究所論叢』4号、花園大学国際禅学研究所、2009年、pp. 195-229
杉本耕一「戦時期京都学派における宗教哲学と時局的発言――西谷啓治を中心に」『求真』16号、求真会、2009年、pp. 47-61

2010年________

満原健「西田・西谷における論理」『西田哲学会年報』7号、西田哲学会、2010年、pp. 105-117
佐々木徹「思索と言葉：西谷啓治の哲学（四)」『追手門学院大学国際教養学部紀要』4号、追手門学院大学国際教養学部、2010年、pp. 53-69
清水大介「西谷啓治における真の自己――長沙景岑の偈頌の解釈」『花園大学国際禅学研究所論叢』5号、花園大学国際禅学研究所、2010年、pp. 213-247
上田閑照「「無」をめぐって――西谷啓治「空」への道」『折々の思想』、2010年、pp. 121-146
植村和秀「西谷啓治の生き方――世界戦争と世界宗教をめぐって」『思想』1013号、岩波書店、2010年、pp. 7-24

2011年

秋富克哉「西谷啓治におけるニヒリズムと近代日本の問題」『点から線へ』58号、石川県西田幾多郎記念哲学館、2011年、pp. 2-35

秋富克哉「『禅の立場』における西谷啓治の宗教哲学的立場」『実存思想論集』26号、以文社、2011年、pp. 79-100

板橋勇仁「理性の〈限界そのもの〉における宗教――西谷啓治のカント受容とその意義」日本カント協会編『日本カント研究12 カントと日本の哲学』、理想社、2011年、pp. 7-24

満原健「西谷啓治における経験と覚」藤田正勝編『『善の研究』の百年：世界へ／世界から』、京都大学学術出版会、2011年、pp. 238-254

小野真「タラル・アサドと西谷啓治：「宗教とは何か」という問いをめぐって」『宗教研究』85巻1号、日本宗教学会、2011年、pp. 1-24

2012年

秋富克哉「西谷啓治のニイチェ解釈」『理想』689号、理想社、2012年、pp. 62-73

秋富克哉「この地上に住むということ：ハイデッガーと西谷啓治」『場所』11号、西田哲学研究会、2012年、pp. 1-18

朝倉友海「「覚」をめぐる東アジア哲学：西谷啓治と牟宗三」『理想』689号、理想社、2012年、pp. 132-143

ブレット・デービス「空における出会い：西谷啓治の禅哲学における〈我と汝〉の回互的関係」『理想』689号、理想社、2012年、pp. 114-131

出口康夫「空の思想のロゴス：西谷啓治『空と即』再訪」『理想』689号、理想社、2012年、pp. 144-160

後藤正英「西谷哲学における神秘主義の問題」『理想』689号、理想社、2012年、pp. 51-61

板橋勇仁「「自分は自分である」ことと「我性」への「想像／構想」：西谷啓治によるヤコブ・ベーメの思想への理解とその射程」『哲学論集』41号、上智大学哲学会、2012年、pp. 73-96

氣多雅子「西谷啓治の国家論：『世界観と国家観』と「「近代の超克」私論」を中心に」『理想』689号、理想社、2012年、pp. 18-37

松丸壽雄「「空」の立場について」『理想』689号、理想社、2012年、pp. 74-86

美濃部仁「火は火を焼かない：西谷啓治における「空」と「回互」」『理想』689号、理想社、2012年、pp. 87-97

森哲郎「西谷前期の「宗教／哲学」：「宗教に於ける自然性」に関連して」『理想』689号、理想社、2012年、pp. 6-17

大橋良介「二〇一二年秋『理想』西谷啓治特集号・巻頭言」『理想』689号、理想社、2012年、pp. 2-5

岡田勝明「「事」と「自」：西谷啓治における「己事究明」」『理想』689号、理想社、2012年、pp. 98-113

小野真「西谷啓治のアリストテレス解釈：「思惟の思惟」を超えて「根源的構想力」へ」『理想』689号、理想社、2012年、pp. 38-50

小野真「後期西谷啓治の身体論：大谷大学講義より」『相愛大学研究論集』28号、相愛大学、2012年、pp. 360-345

清水大介「西谷啓治の空の立場（1）」『花園大学国際禅学研究所論叢』7号、花園大学国際禅学研究所、2012年、pp. 95-126

2013年

松丸壽雄『直接知の探究――西田・西谷・ハイデッガー・大拙』春風社、2013年

森哲郎「西谷啓治の「宗教／哲学」における「世界」理解の問題」『京都産業大学世界問題研究所紀要』28号、京都産業大学、2013年、pp. 67-108

長岡徹郎「西谷啓治の宗教哲学における「体験の立場」の意義と位置づけについて」『宗教学研究室紀要』10号、京都大学文学研究科宗教学専修、2013年、pp. 107-126

小野真「西谷啓治の「根源的構想力の発動」について」『相愛大学研究論集』29号、相愛大学総合研究センター、2013年、pp. 124-132

清水大介「西谷啓治の空の立場（2）道元の上堂説法における時」『花園大学国際禅学研究所論叢』8号、花園大学国際禅学研究所、2013年、pp. 51-89

2014年

秋富克哉「科学と宗教――西谷啓治の立場から」『宗教学会報』19号、日本宗教学会、2014年、pp. 1-28

浅沼光樹「京都学派の哲学史的洞察：西谷啓治の卒業論文「シェリングの絶対的観念論とベルグソンの純粋持続」について」『近世哲学研究』18号、近世哲学会、2014年、pp. 36-64

清水大介「西谷啓治の空の立場（3）」『花園大学国際禅学研究所論叢』9号、花園大学国際禅学研究所、2014年、pp. 103-150

2015年

松丸壽雄「西谷哲学における「仮」について」『マテシス・ウニウェルサリス』17巻1号、獨協大学国際教養学部言語文化学科、2015年、pp. 37-54

長岡徹郎「西谷啓治における悪の問題の深化について」『宗教学研究室紀要』12号、京都大学文学研究科宗教学専修、2015年、pp. 80-97

清水大介「西谷啓治の空の立場（4）」『花園大学国際禅学研究所論叢』10号、花園大学国際禅学研究所、2015年、pp. 1-53

2016年

清水大介「西谷啓治の禅思想：空の立場」『禅文化研究所紀要』33号、文化研究所、2016年、pp. 337-384

2017年

秋富克哉「前期西谷啓治における悪と構想力の問題」『立正大学哲学会紀要』12号、立正大学哲学会、2017年、pp. 15-23

後藤正英「自愛と悪：西谷啓治と近代西洋哲学の対話」『シェリング年報』25号、日本シェリング協会、2017年、pp. 26-34

鬼頭葉子「西谷啓治とパウル・ティリッヒの歴史理解：「空」と「カイロス」」『基督教学研究』36号、京都大学基督教学会、2017年、pp. 25-52

水野友晴「「此方」への「超越」による新しい形而上学の樹立」『西田哲学会年報』14号、西田哲学会、2017年、pp. 100-114

2018年

浅沼光樹「二つの闇夜──西谷啓治のシェリング解釈（一）──」『近世哲学研究』21号、近世哲学会、2018年、pp. 17-36

林晋「西谷啓治と田辺元」『哲學研究』603号、京都哲学会、2018年、pp. 1-38

氣多雅子「神性の無とニヒリズムの虚無──西谷啓治の宗教哲学」長町裕司編『ドイツ神秘思想史〈と〉京都学派の宗教哲学──九十二歳をお迎えになられる、上田閑照先生に感謝を込めて──』教友社、2018年、pp. 25-62

森哲郎「西谷啓治の「宗教／哲学」──「自己のもと」再考」長町裕司編『ドイツ神秘思想史〈と〉京都学派の宗教哲学──九十二歳をお迎えになられる、上田閑照先生に感謝を込めて──』教友社、2018年、pp. 63-86

長岡徹郎「西谷啓治における「宗教的要求」：西田幾多郎との比較から」『比較思想研究』45号、比較思想学会、2018年、pp. 153-161

長岡徹郎「西谷啓治における宗教哲学の展開：宗教と哲学とを問い直す視座の追求」『文明と哲学』10号、日独文化研究所、2018年、pp. 157-171

大橋良介『共生のパトス　コンパシオーン（悲）の現象学』こぶし書房、2018年

田島照久「エックハルト思想と京都学派──西田・西谷の関心の所在」長町裕司編『ドイツ神秘思想史〈と〉京都学派の宗教哲学──九十二歳をお迎えになられる、上田閑照先生に感謝を込めて──』教友社、2018年、pp. 89-132

2019年

橋本崇「西谷啓治とマルクス・ガブリエル」『シェリング年報』27号、日本シェリング協会、2019年、pp. 26-35

酒井梨帆「西谷啓治のニーチェ理解──「自己」の没落と「自己」の自己超克──」『国際日本学研究論集』9号、明治大学大学院、2019年、pp. 45-62

2020年

佐々木徹『西谷啓治　思索の扉』東洋出版、2020年

酒井梨帆「西谷啓治のニーチェ評価──『ニヒリズム』と『宗教とは何か』──」『国際日本学研究論集』12号、明治大学大学院、2020年、pp. 45-63

2021年

加藤総一朗「「座談会」前後の西谷啓治：西谷啓治記念館所蔵「渋澤信雄宛西谷書簡」の検討を通して」『近代史料研究』21号、日本近代史研究会、2021年、pp. 47-70

2022年

秋富克哉「「空と歴史」考：西谷啓治『宗教とは何か』をもとに」『文明と哲学』14号、日独文化研究所、2022年、pp. 94-107

秋富克哉「西谷啓治の立場──ニヒリズムと「空」」『原初から／への思索──西田幾多郎とハイデッガー』放送大学、2022年、pp. 208-225

2023年

氣多雅子「西谷啓治先生とニヒリズム考」『北陸宗教文化』33号、北陸宗教文化学会、2023年、pp. 27-34
酒井梨帆「西谷啓治の「空」の立場における主体――「業」の立場を手掛かりに――」『国際日本学研究論集』18号、明治大学大学院、2023年、pp. 39-58
下田和宣「宗教と文化の哲学のために」『宗教哲学研究』40号、宗教哲学会、2023年、pp. 1-14

2024年

氣多雅子「解説　西谷啓治における哲学と宗教」西谷啓治『仏教について』法藏館、2024年、pp. 241-248
日独文化研究所編『無／空の思想の現在と展望＝Gegenwart und Aussicht der Philosophie des Nichts/Leeren：西田幾多郎生誕150周年・西谷啓治生誕120周年記念ワークショッププロシーディング集』日独文化研究所、2024年
杉村靖彦「「純粋持続」を京都学派に移植する」平井靖史、藤田尚志編『〈持続〉の力：ベルクソン『時間と自由』の切り開く新地平』書肆心水、2024年

《著者紹介》
岡 田 勝 明（おかだ　かつあき）
1951年　兵庫県に生まれる
1980年　関西学院大学院文学研究科博士課程（哲学専攻）単位取得後満期退学
2022年　姫路獨協大学名誉教授
（博士　哲学）

主要業績
【単著】
『フィヒテ討究』創文社　1990年
『開かれた孤独へ――思想の源流に求める人間の所在』世界思想社　2000年
『フィヒテと西田哲学――自己形成の原理を求めて』世界思想社　2000年
『良寛への道――言葉に生きる』燈影舎　2005年
『自己を生きる力――読書と哲学』世界思想社　2012年
『悲哀の底――西田幾多郎と共に歩む哲学』晃洋書房　2017年
【本書と関係する論文】
「事と言――言葉の「平常底」」『日本の哲学　第18号』昭和堂　2017年
「場所の論理と自己存在の証明――西田哲学の現代性――」『日本哲学史研究　第15号』2018年　京都大学大学院文学研究科日本哲学史研究室紀要
「表現的媒介の論理――日本で哲学するということ」『アルケー　No. 28』2020年　関西哲学会年報
「世阿弥と宣長における「言葉の問題」」『姫路獨協大学　国際言語文化論集　第３号』2022年
「シンポジウム「構想力――フィヒテとその前後」から考える」『フィヒテ研究　第30号』2022年　日本フィヒテ協会
「言葉の造形力――芭蕉とバルラハ」『文明と哲学　第15号』日独文化研究所年報　2023年
「大峯顯の「フィヒテ研究」と「宗教的言語」――自己と絶対者の関係と言葉の問題――」『フィヒテ研究　第32号』2024年　日本フィヒテ協会　他

西谷啓治への窓
――生死を包む言葉の哲学――

2025年３月20日　初版第１刷発行　　＊定価はカバーに表示してあります

著　者　岡　田　勝　明©
発行者　萩　原　淳　平
印刷者　田　中　雅　博

発行所　株式会社　晃　洋　書　房
〒615-0026　京都市右京区西院北矢掛町7番地
電　話　075（312）0788番(代)
振替口座　01040-6-32280

装幀　神田昇和　　印刷・製本　創栄図書印刷㈱

ISBN978-4-7710-3919-3